陸官 44 期福心會

暨一些黃埔情緣記事

陳 福 成 著

文 學 叢 刊
文史哲出版社印行

國家圖書館出版品預行編目資料

陸官 44 期福心會：暨一些黃埔情緣記事 /
陳福成著. -- 初版 -- 臺北市：文史哲
出版社, 民 111.05
頁；　公分 --（文學叢刊；456）
ISBN 978-986-314-600-1（平裝）

863.55　　111006426

文學叢刊 456

陸官 44 期福心會

暨一些黃埔情緣記事

著者：陳福成
出版者：文史哲出版社
http:// www.lapen.com.tw
e-mail：lapen@ms74.hinet.net
登記證字號：行政院新聞局版臺業字五三三七號
發行人：彭正雄
發行所：文史哲出版社
印刷者：文史哲出版社
臺北市羅斯福路一段七十二巷四號
郵政劃撥帳號：一六一八〇一七五
電話886-2-23511028・傳真886-2-23965656

定價新臺幣三二〇元

二〇二二年（民一一一年）五月初版
二〇二二年（民一一一年）十一月二刷

ISBN 978-986-314-600-1　10456

序　陸官44期福心會暨一些黃埔情緣記事

這不是一本創作。

這是一本記錄，保存這輩子一段珍貴的黃埔情緣。

第一篇是記錄「福心會」二十年概況。關於這個小圈圈二十年來的每次餐敘，除了有時間、地點和參加人員的記錄，每次所聊的話題，都是隨興而起，也不做任何記錄。所以第一、二、三章都憑著印象回憶，象徵性的談談福心會同學們常聊的話題。

這些話題說八卦，即非八卦，是名八卦。因為話中都意涵著我們的思想背景和價值觀，那是我們的時代和所受的教育，加上我們歷史文化族裔背景，使我們體內基因有豐富的「中國元素」，我們的過去、現在、未來，都不會改變這種元素。這就是「黃埔人」的特質。

第二篇是相關照片的保存。福心會同學們這輩子所處的年代，從童年、少年、青年、中壯到老年，正是黑白照片、彩色照片的盛行到結束。我們成長的年代裡，沒有數位和雲端，所以我們習慣保存照片，從視覺和觸覺去感受生命成長的歷程，用一本本精美的相簿裝好，實體和重量是人生旅程的成績證明，都是珍貴的因緣寶產。

但，十多年前我突然「頓悟」，不久後兩腿一蹬，這輩子保存的幾千張照片，很快就進了焚化爐。我決心為這些照片找個「好人家的好歸宿」，製作成一本本書，典藏在兩岸大約三、四百個圖書館，這樣這些照片可以高壽活數百年，我就放心了。

第二篇的四章分別從四本書轉錄過來（都是文史哲出版社）：

第 5 章：《走過這一世的證據》（二〇二〇年六月）。

第 6 章：《這一世我們同路的證據》（二〇二〇年六月）。

第7章：《夢幻泡影》（二〇二〇年十月）。

第8章：《這一世我們乘佛法走過神州大地》（二〇二一年三月）。

第三篇是一些雜記保存。對於本期同學會會務的參與，我向來不是熱心的人，僅在虞義輝同學當會長時，我當了幾天監事，那段時間參與數次會議做成的記錄，應該也是本期同學會活動史的一部份。都是零星的雜記和感想，收錄在本書，當成一個永久的紀念。

第17章〈長青緣、在花蓮〉也是一篇有紀念性的文字。總之這輩子能有這麼豐富的黃埔情緣，長青緣也好，或是福心會，乃至陸官44期，都是黃埔人撕不掉的標誌，我們就好好的珍惜。

台北公館蟾蜍山萬盛草堂主人　陳福成誌於
佛曆二五六五年　西元二〇二二年二月底
（預備班十三期　陸官四十四期）

前排左起：陳方烈、黃國彥、曹茂林、陳福成；後排左起：郭龍春、陳報國、解定國、林鐵基、袁國台。(2020.12.17 台大品軒樓試吃，背景是鹿鳴堂。)

同前，台大鹿鳴堂前。

同前，台大品軒樓。

台大鹿鳴堂前

前排左起，解定國、袁國台、童榮南、黃國彥、虞義輝，
後排左起：桑鴻文、李台新、陳方烈、金克強、陳福成、陳報國。
（第 19 年第 57 次餐敘，2021 年元月 13 日，台大品軒樓。）

台大生命科學館前。

台大舟山路旁夢湖邊。

台大品軒樓

左起：盧志德、陳福成、陳方烈、黃國彥、周立勇、童榮南、解定國、陳報國、林鐵基、袁國台，2021 年 3 月 30 日，台大校園遠足。

同前，台大正門口。

上圖：同前，台大行政大樓前。
下圖：同前，台大傅鐘前。

同前，台大醉月湖畔。

同前，台大醉月湖畔中午簡餐。

前排左一劉建民、右二路復國

陸官44期福心會：暨一些黃埔情緣記事

第三篇　雜　記……………………………………一六三

第一篇　陸官44期這個小圈圈

福心會

0. 怒潮亭
1. 黃埔湖
2. 精神堡壘
3. 教室大樓
4. 單雙槓場
5. 班部/第一營
6. 餐廳
7. 612高地
8. 第三營
9. 第二營
10. 步機槍靶場
11. 狙擊手靶場
12. 籃球場
13. 棒球場
14. 金門虎戰車
15. 岳飛像
16. 大寮
17. 前莊

陸官預備班圖景

第一章 小圈圈大歷史：福心會第一個10年

在預備班的時候，各級長官三令五申說「嚴禁搞小圈圈」。那時不懂，也不知道怎樣叫搞小圈圈，但慢慢的知道了，大家都在搞小圈圈，連長有圈圈，營長有圈圈……大兵小兵都有圈圈。

再稍長些，我讀到《進化論》，才悟到原來這就是生物進化的自然法則「物以類聚」。同類會聚成同一圈圈，以利生存與發展（如安全和資源共享、壯大），同類共聚一圈的好處說之不盡。

往昔那職場幾十年，不論是野戰部隊十九年或台大五年，所見都是各種小圈圈的明爭暗鬥。可以說，升官發財全靠你怎樣經營圈圈，不同的圈圈，就算同學也會被「鬥掉」。很不幸的，我就是不會經營圈圈，也從不經營圈圈，可詳見《迷航記》一書。沒想到「福心會」經營了二十年，還說要再堅持二十年，真是人生最大的意外，只是本會並無「資源」可享，只有溫火可「取暖」。

一九九九年（民88）二月，我從台灣大學退休（伍）。初退新鮮好奇，很想過過自由自在的日子，跟著台大登山會爬了不少大山，也參加台大一些社團。民國九十年間，我偶然聽到有同學移民西方極樂國，此時我期同學也才五十歲，怎麼就去了！真是人生無常！

我就想到在預備班、正期生時代，一些很熟很要好的同學，除了正式同學會碰頭，也沒有私下的聯誼活動。這有些奇怪，不知道大家退伍了怎麼過日子？我就想到要把老同學連繫起來。

我的活動範圍都在台大校本部，乃以台大為中心點，約半小時捷運可到的同學，一一電話連繫。竟然讓我找出六位同學可以出來餐敘：解定國、高立興、陳鏡培、童榮南、袁國台、林鐵基，加上筆者共七人。

二〇〇二年（民91）二月，「小店」正式開張，聚會地點就近在台大鹿鳴堂（原僑光堂）的中餐部。這個地點方便，公館捷運站下，從舟山路走進二百公尺，之後的幾年餐敘都在此，餐費採輪莊制。

一個小圈圈於焉形成，約訂在每年年初、中和年底共三次餐敘。全部由我召集、聯絡、訂餐等，這是可長可久的辦法，如果輪流召集很快斷了，這是經長期檢驗所得之經驗談。

在第一個十年內人數小有成長（詳見第四章）。例如二〇〇五年（民94）二月十七日，在台大鹿鳴堂餐敘到有十三人：陳鏡培、王次雄、鍾聖賜、金克強（46期，砲科）、解定國、林鐵基、高立興、劉昌明、袁國台、周小強、盧志德、周念台和筆者。到二〇一一年第二十九次，又多一些。但有幾位同學到幾次後就從此不見人影，或許他覺得味道不合吧！

在第一個十年最叫人感傷的事，就是兩位好同學竟先後取得西方極樂國簽證，周禮鶴和鍾聖賜。先說說我和周同學因緣。

學生時代我和周同學不熟，主要是在台大共事的那幾年，他是「台灣大學夜間部教務組組長」，我是「夜間部學務組主任教官」，兩人辦公室就在隔鄰。他常到我辦公室喝茶（說他的故事），大多時候說些心中的苦悶，我也常到他辦公室串門。他已到西方極樂國這麼久了，那些苦悶（甚至遺憾）都過去了，何況這世間所有活著的人，誰沒有一點苦悶？誰沒有一些遺憾？

教務單位通常比學務單位忙些，中午周同學也常有公務要忙，所以這個小圈圈的同學餐敘，雖然就在校園內，他也只能參加幾次。他曾交給我一份〈自傳〉，我出版《迷航記》一書時，有一篇懷念他的文章一併收入，應合他把東西交給我的本意。他的自傳後來也再轉用在「44期畢業50週年紀念」（鄭秋桂同學主編），同學們仍未忘記他，周同學應含笑西方極樂了！

台大夜間部由一個主任教官（筆者，亦兼任文學院主任教官約兩年多），另帶兩個教官，一男一女。有段時間男教官是我期步科同學李建璽，這下可好，三個同學窩在一起，喝酒、品茶、聊天、打屁，少不了一些「外婆」的話題，也算有一段快樂的日子。

為何快樂？這和台大的生態環境有關，台大不論學生或領導階層，本質上不希望教官「管太多事」。正合我等之意，誰願意天天管一堆鳥事？天天悠閒不好嗎？——當然，周禮鶴身為教務組長，他是全夜間部最忙的大忙人，我常看到他吃飯都沒時間。

李建璽同學在夜間部時間不長，他先退休（伍），我和周禮鶴歡送他。席間他說：「他媽的台灣這鬼地方非久留之地，我準備到大陸和我兄弟打拼，兄弟在那邊已小有基礎，如果順利，我連家也會搬過去，第二代、第三代就在大陸發展了……」

我和周禮鶴當然是祝福他，鴻圖大展。並說：「你在大陸事業有成，我們退休後搞不好也到那邊靠你……」三人哈哈大笑。他退伍後，不知在大陸混的如何？從此音訊全無，我和周也不知道！

再說鍾聖賜，我和他畢業後從未在同單位共事過，只有預備班時印象。有段時間，在例假日晚上或平時夜晚有空，李壽全同學會帶吉他領唱聖歌，地點就在藍球場上。參加的人，印象中有潘義、鍾聖賜和我，好像還有王利群，劉建民好像也有。因為那時，我和劉建民常纏著李壽全要學吉他。

我退伍後，因虞義輝的關係，得知鍾聖賜在總統府成立一個「總統府國標舞社團」，並請張哲豪同學（學生時代叫張國英）當國標舞教練，叫我也去學舞。我去了兩次就不學了，張哲豪問：「為何不學？」我說：「我不習慣抱著別的女人。」這當然是笑話，只是興趣不在舞，時間另有所用。

二〇〇四年鍾聖賜開始參加福心會餐敘，他參加的很勤，每次都到。可惜好景不長，他的病情惡化，大約是在臨終前一星期，虞義輝、張哲豪和我，三人到他病房探視。他還能說話，四人也還保持著表面上的輕鬆，鍾同學說：「我先過去那邊（他指西方極樂世界），也考那邊的軍校，我早到當學長，你們晚到當學弟，我會愛護你，不會整你們……」

我和虞張三人只能微笑稱謝，內心苦啊！不捨啊！幾十年的老同學，現在卻要面臨生離死別，內心五味雜陳，說不出口的苦，人生是什麼？

這個小圈圈的連繫、通知方式，前十多年來，我都親自用一封封的信寄出，通常一個月前寄出，早通知時地、好管控時間。到了餐敘前幾天，我再一一打電話（至少都三通以上電話才搞定，有時五六通），經常是夫人們接電話，十多年來夫人們非常熟悉我的聲音。有的夫人對我說：「啊！你打電話來我就放心了！」她大概知道，我們這小圈圈純是吃飯聊天，無酒無女人，她很放心老公出來參加這個飯局。

順道一說，初期餐敘因有的仍就業中或開車，就不備酒，久之成了習慣，飯局不喝酒。不要有女人參加（不論任何身份），是我召集時先說的規則，大家也同意，這樣使小圈圈單純化，才能可長可久。我曾公開告訴大家說：「如果大家帶著老婆來，這個小圈圈維持不到兩年，便不歡而散！」大家也覺得沒錯！可見得裡面有些道理。

這個小圈圈起初有個長長的名號，「台大週邊地區陸官四十四期微型同學會」

（簡稱微型會或同學會），到第二個十年後才改「陸官四十四期福心會」（簡稱福心會）。

第一個十年，從二〇〇二年（民91）二月辦第一次，到二〇一二年（民101）元月辦第三十次。正當這第一個十年的完美句點時，一個同學打電話給我，倪麟生，我和他不熟，他打電話來必定有事。

他先讚美說：「陳同學，你真有心！」

我答：「每個人都有心，沒心怎麼活？」

「沒有你用心召集，同學也不會碰面！」

「大家都退休了，要出來走走，聯誼才不老太快。」

「你主動召集維持這麼久不容易！」

……哈拉一下後，我問他有何大事。

他說：「是這樣，我做生意賺了錢，想請同學們吃飯，你們那一掛有十多位同學，請你召集一下，看多少人！地點在……」

原來倪同學開一家露天餐館，叫「享你好酒不見」（在公館水源市場後、自來水園區內）。之後敲定會餐時間是二〇一二年（民101）三月二十二日，除主人倪同學和我，另有八位同學來：解定國、高立興、盧志德、曹茂林、郭龍春、童榮南、桑鴻文、李台新。

第二章　小圈圈大歷史：福心會第二個10年

第二個十年，從二〇一二年（民101）五月第三十一次，到二〇二二年（民111），同時也滿二十年。原訂在元月十七號餐敘，慶祝「福心會」二十歲兼慶祝本期同學平均古稀之年。回想當初，我們在民國五十七年進預備班十三期，不過大約十六歲。而有的正期班入學，不到二十歲，如今竟已七十歲，那五十四年是怎麼過去的？像是一場夢。

餐敘的地點有很長一段時間在台大鹿鳴堂，第二個十年有較大變動（見第四章），有：台大水源會館、北京樓、紫藤廬、真北平、三軍軍官俱樂部、國軍英雄館、廣香苑、台大品軒樓。地點的選擇，主要考量大家最大的方便性，有包廂與價格不太高。

曾有同學問「參加福心會有沒有資格或條件限制？」我說「唯一的條件就是

同學」。一日同學永遠是同學，有很多（至少有數十人）同學不在〈畢業同學錄〉中，因為在預備班或正期生某個階段，轉學或退學等原因，不在畢業同學錄中，但他們還是同學。

我記得，剛進預備班時，就有某排長說：「不想讀、讀不下去的，利用晚上走人……」那時幾乎天天聽到「某同學昨晚閃了！」這些只當幾天同學的同學，在感情上依然是本期的「黃埔同學」。

十多年來，小圈圈的聚會方式，始終很單純，無酒無女人，純粹吃飯聊天，飯局有「小姐」和沒有小姐各有利弊（見第三章說）。同學會有聊不完的話題和說不盡的回憶，因為大家都經歷過許多軍隊中的奇人異事，不論是好事壞事，每一件都是天大的笑料。

也許太單純了，有同學建議我辦些旅遊，島內或大陸旅遊均好。考量許久，覺得工程太大，非我「小店」經營得起，也非我所長，主要還是耗時太多，影響了我的寫作進度；還有，不論大陸或台灣，不論哪個景點，幾十年來也不知去過多少回！

因此，我們始終維持著最單純的聚會方式，僅吃飯聊天。本期同學會有好幾百人，在「物以類聚」自然法則分配下，有很多小圈圈，如高球院、登山會、單車隊、棋藝社、合唱團、四健會（麻將會）等。

二〇一四年元月六日，是這個聚會邁向第十二年第三十六次，莊主是虞義輝同學，地點改在北京樓（羅斯福路三段），到會同學有：解定國、高立興、童榮南、林鐵基、盧志德、周小強、曹茂林、郭龍春、陳方烈、李台新、黃富陽、桑鴻文、余嘉生、莊主和我，共十五人。

餐會中，莊主虞義輝同學也是新任同學會長，提議為同學會次級團體稱謂方便，改個簡單名稱。席間提出公館會、小思會、福心會、僑光會四個名稱，經表決以「福心會」高票通過。故本會今後改名「福心會」，同學們以我用心經營之雅意取名，希望這個溫馨的福心會，長長久久！地老天荒！

我發現眾生都活在圈圈裡，拜登、普丁、習近平他們玩著超大圈圈，我們玩著微型圈圈。共同的圈圈必是同類，這幾年建立了群組約有二十人，每次餐敘約在十四人左右。

福心會第十二年、第三十七次雅聚，於今（民 103）年五月五日中午，在真北平（台北市寧波東街一號）會餐。如同往昔，席開一大桌，這次莊主由解定國同學擔任。

參加這次會餐有解定國、高立興、虞義輝、童榮南、林鐵基、盧志德、周小強、黃富陽、曹茂林、郭龍春、桑鴻文、陳方烈、李台新及筆者共十四位同學，另從南部來的丘謙民同學以貴賓身份參與餐敘。

此次餐會除老同學相聚聯誼外，主要討論本期同學會組織架構新建後，我們這個「福心會」如何配合調整！及讀書會如何運作等事宜。經充份討論、表決，最後決議有：

一、即日起結束莊主輪莊制，下次聚餐改採分攤制。

二、原每年三次聚會，改每年四次（每季一次）。

三、讀書社正式成立，形態上採寬鬆認定，暫不指定讀物，而在每次聚會有一個主題，或每人談自己人生心得均可。如此，保留未來進一步開展的空間。

四、社長由聯絡人陳福成兼任。另，會餐方式和地點也會較多元，如西餐、簡餐、飲茶等，多方品賞。

這次餐會桑鴻文同學帶來一張「預備班畢業大合照」，寬約兩公尺大照片，叫大家來認人。這張照片因緣「出土」，不知道從哪裡挖出來的，極為珍貴，他計劃洗出來給同學們（自費），這是大工程。餐會在熱鬧氣氛中，下午三點結束，大家相約下回見。

這張「預備班十三期畢業大點照」（見第二篇），確是一件珍貴的黃埔史料，桑鴻文可能是從校史館拷貝出來（別無他處）。但我找遍照片的每個人像，都找不到我的人像，叫小孩來指認也沒有。我明明是畢業了，為何沒有我的畢業照，那是五十多年前的事，照相的時候發生了什麼事？（必有原因，因為照畢業照是重要的事）。

想破了腦袋，唯一有個合理的解釋，是當時我被派去出工差，照相集合時，值星人員沒有清點人數或清點不實。但當時我為何沒有提出報告？數十年來我一點記憶也沒有，不得而知，可能認為不可能為我一人重照，也算了！沒照畢業照也是畢業了！

再說前面的四點決議，除第一點改採分攤制，其他三點都沒有落實執行，餐敘每年仍三次，方式依然維持傳統圓桌合菜，最方便的交流方式。至於飲茶、西餐等，大家不感興趣，味口也不合我們這群革命老夥伴。

但「檢驗真理最好的辦法是實踐」，二〇一四年（民103）九月十五日，第三十八次餐敘，我還是辦了一次「紫藤廬」（在新生南路邊）茶敘，大家坐在「塔塔米」上吃套餐。這樣獲得證實，不合我們老人家，倒是許多年輕人喜歡這個方式，我們喜歡「傳統文化」。

再說讀書會。本期的讀書風氣不錯，據聞有碩士學位至少好幾十人，博士可能也不少，但這和一般退休後的讀書會似乎無關。筆者也經歷過幾個讀書會，都僅止於吃喝茶酒。我所見，唯一把讀書會辦得成功，有聲有色，只有佛光山的讀書會，那是有強大的資源（人力、物力、財力、場地）可支援，更有明（名）星級的專業專家在帶領，不成功也難。

當然讀書會能否成功運作，成員的意願也是重要原因。有的認為讀書是個人的事，要讀回到自己的書桌好好的讀，這才是有效的讀書方法。

有個同學告訴我說：「我就是不讀書，我老爸才叫我去讀軍校，沒想到在學校讀到頭皮發麻。現在退伍了，好好過日子，怎麼舒服怎麼過，幹嘛還讀書！我發神經了！」。確實是，人生都已走進黃昏了，怎麼舒服怎麼過就是王道，我舉四支手贊同！

十多年來小圈圈的成員只有二位不是本期同學，一位是四十二期學長周立勇

（砲科），一位是四十六期學弟金克強（砲科）。會相聚在一起，都是有一些因緣，二位與筆者和其他同學，曾有長期在同單位過，都有很好的革命情誼，才會有相聚共話當年的樂趣。

在第二個十年裡，迎來兩位遠道而來參加的同學，路復國和劉建民。路復國同學於民國八十二年間，在花防部當砲指部指揮官，我是副指揮官，說到此有個小插曲，不吐不快！

八十二年六月，我三軍大學末班車畢業，當時已中校十二級，實在是走投無路了。想到學生時代老連長崔萬靈（學十六連），在總部管全國軍官人事，肩膀上的星星多如天上繁星，想找他幫忙（只想在本島就好）。

終於在總部辦公室見到老連長，我向他行禮畢，正要開口說話，他搶先說：「都二十年了，你沒有一通電話，沒有一張賀年卡！現在來找我幹什麼？」說完揚長而去，口氣神情都很凌厲。

我呆立原地，不知如何是好！老連長的話有如古代高僧的「棒喝」，一棒夯在你的腦門上，她說中了世間的「真理」，叫你突然就「頓悟」。他夯中了我這輩子最大的致命傷！在學生時代他只是上尉連長，但我看他的氣勢神態，就已經有了師長級的「態勢」。

後來我收到的命令就是花防部砲指部副指揮官，指揮官是路復國同學。數月後，我調花防部三處副處長，同學指揮官送我一匾，上書「運籌帷幄、決勝千里」，可惜沒機會上戰場「驗證」，只能紙上談兵。

路同學住台中，第一次參加福心會餐敘，是二〇一五年（民104）元月十二日在真北平，他遠道而來參加這個同學會，大家都很感動。順便一說，路同學善長於武俠和偵探小說，他的《俄羅斯娃娃》（文史哲出版），寫的極好，他長於佈神秘詭異之局，引人入勝！

住苗栗的劉建民也是遠道而來，可能因兵科不同，我們從未在同單位過，印象中好像我在外島時他在本島，我回本島他又去外島。幸好我們始終有書信連繫，沒有連繫時也一定心中想著對方。

因不同單位，所以也不知道他的工作概況。最近看到他傳給鄭秋桂同學的〈陸官44期畢業50週年紀念〉一文，始知他經歷過困局，甚至險局，如今都是精彩的回憶。人生就是這樣，有許多不可測的險局，我也險些去跳太平洋，但「因禍得福」，來到台灣大學，見識到不同的世界；開啟了很多好的因緣，也就得了不少

「好果」——包含福心會。

在預備班時，虞義輝、劉建民和我計劃徒步走橫貫公路，臨出發前，虞同學因父親生病未能同行。僅劉同學和我還是走完全程，在此行之前，我也和解定國、林義峻、陳鏡培四人，走路上合歡山，再走到埔里、中興新村。這些年輕時代的經歷，到了黃昏歲月，總是成為最美好的回憶夢境。

劉建民第一次參加福心會，是第二個十年的尾聲了。二〇二一年（民110）十一月二十三日在國軍英雄館，是本會第五十八次餐敘。

回顧這二十年，有的前期參加次數多，後期就不見人影了，例如陳鏡培（好像已改名叫陳家祥）。據知他在大陸有很大的事業，因此他一刻不得停，我最後打幾次電話給他，不是正在開會就是正要去大陸，他說事業要緊，哪有「美國時間」可以閒聚？

有的是參加一次或幾次就消失了，例如周念台、劉昌明、王次雄、張安麟、黃富陽、倪麟生、丘謙民（來賓）、王忠義。有的是太忙、有任務在身，如王忠義忙於「八百壯士」；黃富陽消失到南部種田，最近已告知要「回歸」，只要人在台北就來參加，其他都已不知「君在何方」？不論何時，都歡迎回歸！一日同學，永遠都是同學。

這世界永遠有意外，也永遠深不可測。我輩未經戰火，平安度過七十年承平時期，這也是另一種幸運和幸福，誰不想過安樂的日子？但誰都沒想到，那無聲無息、無影無蹤的「敵人」入侵所有國家和地區，全球所有國家都動員起來，參與這場「隱形第三次世界大戰」。二〇二一年初開戰，至今難以善了！專家說未來我們都得和疫情共舞，是「後疫情時代」的常態。

就在我們第二個十年的尾聲，碰到疫情大擴散，我等老人家是抵抗力弱的一族，大家都很小心，該打疫苗就打，一劑一劑的打，以保安全。受疫情影響，原訂二〇二一年五月和二二年元月餐敘，都臨時暫停，這是小圈圈開張以來未有之事。

但專家們也說，疫情永遠不會清零，未來我們將和疫情共舞，也就是說「不可能是百分百安全」。那麼，大家會放心出來餐敘嗎？我是主持人，會顧慮較多，萬一有個「三長兩短」，總是有壓力。

疫情期間群組都在痛罵台獨政權妖魔，利用疫情不斷撕裂兩岸同胞的感情，口罩寧可給小倭鬼子，也不給自己的同胞，可惡之極！邪惡之極！

更可恨的是，用意識形態抗疫，各國都在想辦法抗疫。只有台獨份子在「抗疫苗」，大陸無條件送疫苗，台獨妖魔極盡醜化之能事而不接受，導致島內因疫而死的有近千人。這種漢奸政權、非法政權、地方割據政權、邪惡政權，應早早結束！

二十年前，只是一個偶然興起的感覺，本期同學有不少住附近（即以台大為中心點的半個多小時可到的捷運車程），甚至台北地區一小時多可到的車程，為數至少幾十人。有不少都是很熟、很要好，往昔更有不錯的因緣，退伍了大家有個「平台」可聯誼多好。於是，我開始召集，這一念心啟動，竟飛快的過了二十年，二十年前我們是五十歲的中壯年，現在已成醫院常客，每次到榮總回診，護士小姐都叫「阿伯」！

二十年近六十次餐敘，福心會都在聊些什麼？有那麼多話嗎？每次餐敘都熱鬧非凡，欲罷不能，聊到下午兩三點才散會。第三章就小記一下福心會的話題，大家就當成茶餘飯後的八卦，開心就好！

第三章 福心會、聊八卦

前章提到飯局有女性（帶老婆）和無女性（不帶老婆），各有利弊；而經長期觀察、實踐，總結歷史經驗，帶老婆參加則是弊大於利。因此，從我一開始召集福心會，就和大家講好，不帶老婆出席餐會，當然也沒有別的女生與會，這是純粹「男人的世界」。

在任何飯局圈圈裡，同一桌若有某夫人在，或多位夫人在場，你會發現每個男人都不講真話了！甚至言不由衷，語多保留。為何？因為老婆就像一根隱形繩子，綑住了他的心靈，所以他只能說些「三分像人、七分像鬼」的鬼話，而不能說出十分像人的「人話」。這是飯局中有夫人在場，一個很大的弊。我相信，很多人一定有這樣的體驗。

另有個可能更大的弊，飯局聊天會意外聊出很多事，那些事「本來無一事」，但女人知道後「處處惹塵埃」，給男人帶來無窮困擾。甚至導致一個小圈圈不歡而散，友誼都破壞了。

飯局中如果沒有夫人在（也沒有別的女生在），我發現，這一桌男人們就儼然是一團「解放」軍。他們的嘴自由了！心靈自由了！愛怎麼說話就怎麼說話，愛怎麼罵就怎麼罵，「三字經」愛怎麼唸就怎麼唸！他們說的每一句話都是心中想要傾倒出來的「真話」！這是飯局沒有夫人在場之利！男人得到暫時的解放！

飯局中有別的女生在（不是飯局中任何男人的夫人），也有不同的樂趣。筆者在台大也有一個小圈圈，共約二十人，每季餐敘一次，每次平均約十五人出席（其中有四個女生，不分攤餐費，只當陪酒員製造氣氛）。這個「台大小圈」和福心會，有完全不同的理念。

「台大小圈」的特色有二：第一主張「無酒不成席、無酒不歡」，四個小姐也能喝，不斷為現場男生掀起「高潮」。在女生面前男生不能說「不行」，於是每次餐敘都有如「美俄烏」戰局那般熱鬧，高潮一波波，笑話一起起，不論男女都成了「酒國英雄」。

第二個特色是主張飯局要有女生（不是飯局中任何男生的老婆），謂之陰陽調和，但也不是任何阿花阿枝可以參與。「台大小圈」初期也都是男生，後經大家共商、討論，確定對像（物色），適合在綠葉中扮演紅花的角色，而且開朗大方、年紀適好等，再一一邀請入圈。多年來，大家已成為好友，每次餐敘，打情罵俏吃豆腐，男士女生也都樂在其中。

台大小圈的「打情罵俏吃豆腐、男女酒國論英雄」模式，顯然不合福心會。我想，古今中外都有各式各樣同學會，每個同學會的成員背景、職業種類、工作環境，乃至成員素質、習性等，都不一樣，雖都統稱「八卦」，但話題必定都不同。那麼，福心會餐敘二十年了，有快六十次歡聚，都在聊些什麼話題？

A同學說：「剛下部隊時，規定每個連都要養豬種菜，有一天通知說上級要檢查某連的種菜成果，但連長實在太混了，菜園裡都是雜草沒有菜。這下連長急了！馬上人家要來檢查，菜不可能一夜之間長出來！

隔壁連連長是某某同學，向來以「聰明」著名於世。他出了一個點子，真的在一夜之間長出一大片綠油油的青菜。兩天後上級來檢查種菜成果，後來考評全師第一名……」。

「哈、哈」大家哈哈一陣笑。到底一夜之間怎麼長出大片菜園？A同學說還不簡單，跟附近百姓講好價錢，從他們菜園移植過來就好了。而最混的連長，當年就成了「國軍模範英雄」。

B同學說：「還有，那時阿狗當營長，營裡養了十條豬，幾個月後豬漸漸長大，各連連長都在等著可以分到一頭大豬，準備慶生會用。

到了可以宰殺的前幾天，一個早晨連長發現『十頭大豬一夜間變成十隻小小豬』。三個連長一起到營長室『理論』，結果出來時一言不發，再也不提豬事。」

「哈、哈」大家笑成一團，「是不是那三個連長也被收買了？哈、哈、哈……」

C同學說：「那有什麼！我剛對部隊時，那時在金門沙美，一個學長○○○，他在自己寢室開女裝店。他把台灣一些便宜女裝一包包，寄到附近百姓家裡，他再去取貨，專門賣給撞球店、冰菓室小姐和附近村姑。不知道他怎麼打通關節的，學長還問我要不要入股？我哪有這個膽，被發現怎麼辦？」

大家一陣疑惑，「這學長還真行！」

「這麼大的事上級都不知道？」

C同學：「我在金門兩年，和他同單位，假日常看他在村莊賣衣服，當然都不公開的，他沒怎麼樣！」

「哈哈！裡面一定有鬼……」大家議論著。

D同學說：「哪裡沒有鬼啊！到處是鬼！同學升官了，換個位置就鬼哩鬼氣的，那個△△△調到總部，下來督導就像個鬼樣子，人五人六，光會穿自己同學的小鞋，我到現在還氣在肚子裡。」

E同學說：「我也被同學穿過小鞋！想到就生氣，算了！都這麼久了！」

F同學說：「是啊！都過去了！」

外島的話題也多，各兵科中以步、砲、裝到外島機會較多，而以砲科最多。原因是按「台澎防衛作戰計劃」，砲兵火力在本外島各佔半數，所以砲科同學幾乎兩年就輪調金馬一次，很辛苦！

G同學說：「真他媽的倒霉啊！六十四年分發就到了金門，兩年不准休假，馬子就在後方兵變了！」

同學哈哈大笑說：「現在的老婆不是更好！」

H同學說：「我三次外島，金門一次，馬祖兩次。」

I同學說：「我四次，金馬各二。」

J同學說：「我更多了！金門三次，馬祖兩次，加起來快十年了，有一回很久沒放假，回家小孩都不認識我了！有誰比我更慘的？」

K同學說：「我比你慘，我六次，金門、馬祖、東引，含各離島都去了！」

A同學說：「你看！我們一輩子都獻給國家，我在外島也很久，天天做工炸坑道，差一點死在金門，現在老了領一點退休金過日子，那些台獨妖魔說我們是米蟲，真是幹他媽的△！」

眾同學齊聲：「台獨妖魔才是禍害！」

B同學說：「米蟲就米蟲！」

C同學說：「對，大家顧好自己身體，健康快樂的領他幾十年退休金，領垮這些妖魔政府！氣死這些政客，這鬼地方垮了！老共會來收拾！」

D同學說：「我也帶領官兵在金門炸了好幾年坑道，有一次我們隔壁連炸坑道，發生很大的意外，一下死了六個兵一個官，好慘！」

E同學說：「幸好我們都還活著，大家才有機會在這裡聚餐，我們以茶代酒為自己祝福一下吧！」

「大家平安健康！」眾同學同聲舉杯。

餐敘聊天的話題，經常和時事新聞有關。例如，二〇一七年時，前台北市議員李承龍到台南烏山頭水庫，將八田與一銅像砍斷頭，成為大新聞，真是大快人心。不久我們餐敘，話題就熱鬧了。

A同學說：「真他媽的，李承龍才是真英雄啊！他就敢把小日本鬼子銅像砍頭，誰做的到啊！我們這些革命軍人該慚愧，我們應該向李承龍致敬，他做了別人做不到的事。」

B同學說：「那些小日本鬼子留下的遺毒，包含偽總統府等，全要炸毀，留下那些恥辱幹什麼？」

C同學說：「林佳龍當台中市長時，還恢復了日本神社，真是漢奸心態，無藥可救！」

D同學說：「李承龍了不起，去年那些蔡英文的同黨在桃園的「台灣民政府」辱罵我們榮民，李承龍就曾與自稱「中華武裝民政府」成員何守為等人，夜襲「台灣民政府」，朝其宿舍、教室扔汽油彈縱火。他為我們榮民出一口氣，我們應該向他致敬、感謝他！」

E同學說：「向李承龍致敬（大家舉杯），馬英九為討好日本人、討好那些台獨漢奸，還去祭拜八田與一這個日本鬼子，真是搞不清自己是誰？」

F同學說：「馬英九，別提他了！簡直是亡黨亡國之君，完全搞不清自己的身份，無能！」

G同學說：「我懷疑他是台獨在國民黨內的臥底。」

H同學說：「我也懷疑。」

I同學說：「他做的事就是民進黨想做的事。」

……

J同學說：「別生氣了，至少他做了三通，也算將功抵過……」

自從蔡氏的台獨政權上台，幾乎不擇手段的倒行逆施，違法亂紀，無條件和美日靠攏，企圖將台灣搞成美日殖民地。無恥大幹「去中國化」，導致年輕一代全都不知道自己是道地的中國人，搞不清楚自己是中華民族，體內流著中國人的血。凡此，也一半是國民黨的無能、迷失所造成，都是餐敘時大家閒話（痛罵）的材料。

A同學說：「台灣的民主搞成這樣，是民主嗎？」

B同學說：「民主政治根本就是騙局，只有投票時是主人，以後誰理你？」

C同學說：「我看民主選舉簡直是公害，你們看看凡是搞民主選舉的地方，美國、菲律賓、中南美……結果都是造成社會對立、族群分裂、國家分裂，台灣就是這樣，民主政治是人類社會的終極禍害。」

D同學說：「投票時也不是主人，是被洗腦的結果。以前我們相信民意，但你看現在民意，都是冷水煮青蛙的結果。」

E同學說：「民主政治就是狗咬狗，朝野都不是好東西，大家輪流上台撈錢，撈飽了才走人。」

F同學說：「在野的狗如果不把在朝的狗搞垮，豈不一輩子在野，沒得吃沒得撈；而在朝的狗必須整死在野的狗，才能永遠執政，永遠有得撈，這就是民主政治的真相，不是嗎？」

福心會餐敘時間，每年五、六月間會舉辦一次，這是為慶祝母校校慶（六月十六日）。席間話題通常會聊到「黃埔精神、黃埔使命」等。畢竟百年來，黃埔同學和中國興亡有直接關係。

A同學說：「我們一輩子所受的教育，都是為追求中國之復興、富強、統一、繁榮等，為實現二十一世紀是中國人的世紀的夢想，不知道在學校老弟們，還有沒有強調這些？」

B同學說：「我看難，誰敢啊！」

C同學說：「陸軍官校成立的宗旨應該沒變！」

D同學說：「宗旨沒變，人會變。你們看憲法也沒變，但人都變了，憲法是一個中國的，但執政的人不承認一中，誰能奈何？」

E同學說：「陸軍官校只是這個大環境中的小單位，一定會受影響，我認為現在的陸官很可能已經被改造、變質了！甚至不敢承認自己是中國人，是炎黃子孫。他們根本不追求中國富強統一了。」

F同學說：「那他們追求什麼？理想是什麼？」

G同學說：「有職業、有高薪、有官當，大概就是這樣了。宗旨都是死的文字，誰管宗旨？」

H同學說：「黃埔使命、精神沒了，悲哀！」

I同學說：「你們看看高層這些將軍就知道，都向蔡英文靠攏，光會討好她，氣節蕩然不存，黃埔精神已死，後期老弟就別提了！」

J同學說：「我想，大家也不要太悲觀，至少宗旨仍在，校歌還沒改，我們也要給這些後期老弟一些鼓勵，未來是屬於他們的，不屬於我們的，我們何必操那麼多心！我們就好好過日子吧！屬於我們的日子不多了！」

K同學說：「也對，只是感慨而已。」

「是啊好好過日子！」眾同學齊聲舉杯。

這章雖然都在聊八卦，但現在要聊的這件事不是八卦，而是很嚴肅的議題，事關每個人的生死和臨終一些問題的處理。二〇二〇年九月十一日在廣香苑餐敘，桑鴻文同學拿一堆資料，每人分發一份，是〈預立安寧緩和醫療暨維生醫療抉擇意願書〉，仔細閱之有四項要大家選擇（可多勾選）。

□選擇：減輕或免除末期病人之身心靈痛苦，接受緩解性、支持性之醫療照護，以增進生活品質。

□選擇：於臨終、瀕死或無生命徵象之時，不接受心肺復甦術。

□選擇：不接受用以維持末期病人生命徵象及延長其瀕死過程，但無治療效果的維生醫療措施。

□同意：將上述意願加註於本人之全民健保憑證（健保ＩＣ卡）內。

這問題很嚴肅，大家有些沈默，為使氣氛輕鬆些，我開玩笑說：「百年之後，我們革命軍人都住在五指山了，福心會餐敘照常舉辦，地點改在五指山，時間改午夜十二點開席，雞鳴之前散會，白天大家都不能出門。」

眾同學哈哈大笑……

A同學說：「那個大漢奸在五指山，我才不要和他住在一起！」

B同學說：「那要去哪裡？」

C同學說：「南港軍人公墓也可以啊！」

D同學說：「大家別急著走，有一個統派組織說過，台灣是中國的一部份，中國土地上容不下漢奸屍骨，揚言要把漢奸墓炸毀，使其惡靈灰飛煙滅。」

E同學說：「問題是沒有動作，何時炸？」

F同學說：「統一時必定會炸，想當抗戰勝利時，漢奸汪精衛的墓就立即炸毀，這是中國歷史的傳統，李漢奸也一樣，跑不了被炸毀，時間未到。」

G同學說：「何時統一？要等多久？」

H同學說：「十到十五年內一定統一，大家照料好自己的身體，十多年後也才八十多歲，必能眼見祖國完成統一，親自得知李漢奸墓被炸毀，那時五指山就乾淨了，我們再去不遲。」

「對，大家照料好自己。」眾同學齊聲舉杯。

本文僅象徵性做一點回憶和記錄，並非完整記述，也不代表某人所說，說來詮釋一些八卦，故章題就叫「福心會、聊八卦」。無非只是我們這些老人家，走在這黃昏道上，面對這孤獨的世界，所剩不多「志同道合」者，少許的樂趣和溫暖，何以如是？

眾生之中，革命軍人是比較嚴肅的一群，比較不容易放開、放下，把自己身心靈解放。就像《金剛經》所述：「一切有為法，如夢幻泡影，如露亦如電，應作如是觀。」將一切都看淡看開看虛，這樣我們才不會活的太嚴肅，而能輕鬆自在，生活自然會有樂趣。

再說溫暖，別以為地球暖化，就到處有溫暖，在現代社會，老人家可以取暖的地方越來越少。平時孩子都離得遠遠，放假回來看看只是一個形式（其身心思想已非一國人），所以能給老人的暖意不多。同學會的小圈圈是一口小暖爐，因小才暖，太太會不夠暖（也成為形式），心靈交流就稀了！

下回餐敘會聊什麼八卦？都是不可測。到了這古稀之齡，我們要「無住生心」，什麼國家民族、統獨大戰、貪官污妖，全是八卦，呆丸郎如何愚痴！要如何沉淪！如何把台灣搞成美日文化殖民地，關你我屁事！戰爭開打輪不到我們上戰場。戰火，任其八卦！

今年適逢我陸軍官校44期同學，平均年紀七十歲。在此祝福我們同學福如東海，大家都長壽，也希望早日完成統一，二十一世紀是中國人的世紀！大家一起見證。

第四章　陸官44期「福心會」歷年餐敘參加同學記實

△二〇〇二年（民91）

第1次：二月，台大鹿鳴堂

解定國、袁國台、高立興、陳鏡培、林鐵基、童榮南、陳福成。

第2次：四月三十日，台大鹿鳴堂

解定國、袁國台、高立興、周念台、林鐵基、童榮南、陳福成。

第3次：九月二十四月，台大鹿鳴堂

高立興、童榮南、林鐵基、周念台、解定國、周立勇（42期、後同）、周禮鶴、陳福成。

△二〇〇三年（民92）

第4次：元月八日，台大鹿鳴堂

周禮鶴、高立興、解定國、袁國台、林鐵基、周立勇、陳福成。

第5次：四月二十一日，台大鹿鳴堂

袁國台、解定國、林鐵基、周立勇、陳福成。

第6次：12月一日，台大鹿鳴堂

林鐵基、童榮南、解定國、周念台、盧志德、高立興、劉昌明、陳福成。

△二〇〇四年（民93）

第7次：二月二十五日，台大鹿鳴堂

周立勇、高立興、童榮南、鍾聖賜、林鐵基、解定國、周念台、盧志德、劉昌明、陳福成。

第8次：6月，台大鹿鳴堂

周立勇、童榮南、林鐵基、解定國、袁國台、鍾聖賜、高立興、陳福成。

第9次：十月九日，台大鹿鳴堂
童榮南、周立勇、高立興、解定國、盧志德、周小強、鍾聖賜、林鐵基、陳福成。

△二〇〇五年（民94）

第10次：二月十七日，台大鹿鳴堂
陳鏡培、王次雄、鍾聖賜、金克強（46期、後同）、解定國、林鐵基、高立興、劉昌明、袁國台、周小強、周念台、盧志德、陳福成。

第11次：六月十六日，台大鹿鳴堂
盧志德、周立勇、解定國、陳鏡培、童榮南、金克強、鍾聖賜、劉昌明、林鐵基、袁國台、陳福成。

△二〇〇六年（民95）

第12次：二月十七日，台大鹿鳴堂
劉昌明、王次雄、高立興、陳鏡培、盧志德、林鐵基、金克強、陳福成。

第13次：6月，台大鹿鳴堂

第14次：十月二十六日，台大鹿鳴堂

金克強、周立勇、解定國、林鐵基、袁國台、高立興、陳福成。

周小強、解定國、高立興、袁國台、林鐵基、劉昌明、盧志德、陳福成。

△二〇〇七年（民96）

第15次：元月三十一日，天香鍋

盧志德、高立興、林鐵基、周小強、金克強、解定國、劉昌明、陳福成。

第16次：六月六日，台大鹿鳴堂

解定國、高立興、盧志德、周小強、金克強、林鐵基、陳福成。

第17次：十月十六日，台大鹿鳴堂

周立勇，解定國、林鐵基、盧志德、張安麟、陳福成。

△二〇〇八年（民97）

第18次：二月十九日，新店富順樓

高立興、解定國、林鐵基、盧志德、周小強、金克強、陳福成。

第19次：六月十日，山東餃子館
童榮南、高立興、解定國、袁國台、盧志德、金克強、張安麟、陳福成。

第20次：十月十五日，台大鹿鳴堂
陳鏡培、解定國、盧志德、周小強、童榮南、袁國台、林鐵基、黃富陽、陳福成。

△二〇〇九年（民98）

第21次：二月十日，台大鹿鳴堂
袁國台、解定國、高立興、童榮南、盧志德、黃富陽、陳福成。

第22次：六月，台大鹿鳴堂
林鐵基、童榮南、袁國台、高立興、解定國、金克強、盧志德、陳福成。

第23次：十月六日，公館越南餐
盧志德、解定國、林鐵基、金克強、周小強、陳福成。

△二〇一〇年（民99）

第24次：三月一日，台大鹿鳴堂

周小強、解定國、袁國台、林鐵基、盧志德、曹茂林、金克強、黃富陽、童榮南、陳福成。

第25次：六月八日，台大鹿鳴堂

金克強、郭龍春、解定國、高立興、童榮南、袁國台、林鐵基、盧志德、周小強、曹茂林、陳福成。

第26次：十月五日，台大水源會館

曹茂林、解定國、童榮南、林鐵基、盧志德、周小強、陳福成。

△二〇一一年（民100）

第27次：元月十日，台大水源會館

黃富陽、解定國、高立興、童榮南、林鐵基、曹茂林、周小強、盧志德、郭龍春、陳福成。

第28次：六月三日，台大水源會館

郭龍春、解定國、高立興、童榮南、林鐵基、盧志德、周小強、黃富陽、曹茂林、桑鴻文、陳福成。

第29次：十月十二日，台大水源會館

黃國彥、解定國、高立興、童榮南、袁國台、林鐵基、周小強、金克強、黃富陽、郭龍春、桑鴻文、盧志德、曹茂林、陳福成。

△二〇一二年（民101）

第30次：元月四日，台大水源會館

桑鴻文、高立興、林鐵基、解定國、童榮南、袁國台、盧志德、金克強、曹茂林、郭龍春、陳方烈、陳福成。

（倪麟生請客）：三月二十二日，享你好酒不見

倪麟生、解定國、高立興、盧志德、曹茂林、郭龍春、童榮南、桑鴻文、李台新、陳福成。

第31次：五月十五日，台大水源會館

陳方烈、桑鴻文、解定國、高立興、童榮南、林鐵基、盧志強、周小強、金克強、曹茂林、李台新、倪麟生、陳福成。

第32次：十月二十二日，台大水源會館

解定國、高立興、童榮南、林鐵基、盧志德、李台新、桑鴻文、郭龍春、倪麟生、曹茂林、周小強、陳福成。

△二〇一三年（民102）

第33次：元月十七日，台大水源會館

倪麟生、林鐵基、桑鴻文、解定國、高立興、盧志德、周小強、曹茂林、郭龍春、陳方烈、余嘉生、童榮南、陳福成。

第34次：五月十三日，台大水源會館

李台新、解定國、林鐵基、童榮南、盧志德、金克強、曹茂林、虞義輝、郭龍春、桑鴻文、陳方烈、倪麟生、余嘉生、陳福成、高立興。

第35次：十月七日，北京樓

余嘉生、解定國、虞義輝、童榮南、盧志德、郭龍春、桑鴻文、李台新、陳方烈、袁國台、陳福成。

△二〇一四年（民103）

第36次：元月六日，北京樓

虞義輝、解定國、高立興、童榮南、林鐵基、盧志德、周小強、曹茂林、郭龍春、陳方烈、李台新、黃富陽、桑鴻文、余嘉生、陳福成。

註：我們這個黃埔同學小圈圈，從這次餐敘開始，虞義輝提議，全體通過，名稱就叫「福心會」，感恩有緣，在黃昏的路上，我們是同路人，共賞黃昏美景，相互取暖！

第 37 次：五月五日

解定國、高立興、虞義輝、童榮南、林鐵基、盧志德、周小強、黃富陽、曹茂林、郭龍春、桑鴻文、陳方烈、李台新、丘謙民（來賓）、陳福成。

第 38 次：九月十五日，紫藤廬

解定國、林鐵基、盧志德、曹茂林、余嘉生、虞義輝、袁國台、桑鴻文、陳福成。

△二○一五年（民104）

第39次：元月十二日，真北平

解定國、高立興、童榮南、盧志德、郭龍春、桑鴻文、陳方烈、李台新、余嘉生、袁國台、金克強、丘謙民、路復國、陳福成。

第40次：五月八日，三軍軍官俱樂部

路復國、解定國、高立興、曹茂林、余嘉生、王利群、童榮南、袁國台、張哲豪、陳福成。

第41次：九月三十日，三軍軍官俱樂部

高立興、袁國台、林鐵基、周小強、桑鴻文、解定國、李台新、余嘉生、童榮南、金克強、張哲豪、郭龍春、陳福成。

△二○一六年（民105）

第42次：元月十八日，三軍軍官俱樂部

袁國台、高立興、童榮南、林鐵基、路復國、郭龍春、解定國、陳福成。

第43次：六月十三日，三軍軍官俱樂部

解定國、高立興、童榮南、林鐵基、袁國台、桑鴻文、陳方烈、金克強、郭龍春、陳福成。

第44次：十月三日，三軍軍官俱樂部

高立興、童榮南、林鐵基、盧志德、金克強、曹茂林、郭龍春、虞義輝、張哲豪、路復國、桑鴻文、陳方烈、李台新、陳福成。

△二〇一七年（民106）

第45次：元月三日，三軍軍官俱樂部

高立興、解定國、童榮南、盧志德、袁國台、陳方烈、李台新、余嘉生、陳福成。

第46次：七月三日，國軍英雄館

解定國、高立興、童榮南、袁國台、林鐵基、陳方烈、余嘉生、金克強、郭龍春、桑鴻文、虞義輝、陳福成。

第47次：十一月八日，三軍軍官俱樂部

解定國、袁國台、童榮南、高立興、桑鴻文、李台新、王忠義、林鐵基、陳方烈、陳福成。

△二〇一八年（民107）

第48次：元月十六日，台大鹿鳴堂

虞義輝、林鐵基、解定國、盧志德、高立興、童榮南、陳方烈、郭龍春、李台新、陳福成。

第49次：五月十四日，台大鹿鳴堂

高立興、桑鴻文、解定國、金克強、余嘉生、盧志德、張哲豪、袁國台、黃國彥、侯光遠、陳福成。

第50次：九月十二日，三軍軍官俱樂部

袁國台、曹茂林、解定國、高立興、童榮南、黃國彥、余嘉生、盧志德、金克強、李台新、陳福成。

△二〇一九年（民108）

第51次：元月二日，三軍軍官俱樂部

林鐵基、黃國彥、高立興、郭龍春、解定國、童榮南、袁國台、盧志德、金克強、曹茂林、陳方烈、陳福成。

第52次：五月二十四日，三軍軍官俱樂部

袁國台、童榮南、林鐵基、虞義輝、盧志德、桑鴻文、黃國彥、解定國、李台新、余嘉生、曹茂林、陳方烈、張哲豪、陳福成。

第53次：九月三日，三軍軍官俱樂部

曹茂林、黃國彥、袁國台、童榮南、金克強、陳方烈、解定國、張哲豪、李台新、陳福成。

△二〇二〇年（民109）

第54次：元月三日，三軍軍官俱樂部

虞義輝、袁國台、解定國、童榮南、路復國、金克強、曹茂林、陳方烈、李台新、侯光遠、黃國彥、林鐵基、陳福成。

第55次：五月十二日，三軍軍官俱樂部

周立勇、高立興、林鐵基、袁國台、童榮南、陳報國、金克強、黃國彥、盧志德、虞義輝、李台新、陳福成。

第56次：九月十一日，廣香苑

黃國彥、陳報國、金克強、袁國台、虞義輝、童榮南、林鐵基、陳方烈、桑鴻文、陳福成。

△二〇二一年（民 110）

第 57 次：元月十三日，台大品軒樓

虞義輝、桑鴻文、黃國彥、解定國、陳報國、袁國台、金克強、李台新、陳方烈、童榮南、陳福成。

小記：原訂五月二十八日（星期五），要在三軍軍官俱樂部第 58 次餐敘，但因台獨政權用政治意識防疫，導致全台擴散，每日確診、死亡人數都破表。居於安全，我們又是抵抗力差的老人，餐敘只好暫停，千年未有之事。

新冠病毒在台灣應叫「妖女病毒」，用私利、漢奸、美日走狗心態在防疫，結果死一堆台灣人。這到底是共業還是活該，永不覺悟的台灣人！永遠沒有機會的台獨！永遠受騙的台灣人，真的就是江湖上傳說的「呆丸郎」！

第 58 次：十一月二十三日，國軍英雄館

曹茂林、郭龍春、陳報國、解定國、袁國台、桑鴻文、盧志德、劉

建民、路復國、張哲豪、侯光遠、童榮南、陳方烈、李台新、陳福成。

△二〇二二年（民111）

自從二〇〇二年（民91）二月，第一次在台大鹿鳴堂餐敘，到今年正好滿二十年，我自己都覺得意外，這個小圈圈竟滿二十歲了。不知道算不算黃埔之光，至少也是陸官四十四期很悠久的小圈圈。

原已訂好元月十七日在英雄館餐敘，這是正好滿二十年的第59次，因疫情又擴散。我們老人家還是安全第一，臨時取消。

第二篇　影像記錄與隨筆抒發

第五章　走過這一世的證據

站著，站成一座山

我們以站著為修行基本功
站成一面牆
讓黃杰、于豪章等大人看
據聞
站著讓大人看
就能成為一座座
大山

我們的站姿宣言

我們兩手插腰
這姿勢的宣言
我們將把丟掉的全部江山
收回來，同時
解救同胞　統一中國
物換星移到如今
物種會滅　夢想不滅
只盼同胞救我們

黃埔湖

中國人民的血淚
滙流成一座湖
我們在此洗禮
才脫胎換骨
不知如今
黃埔何在？
湖何在？
或早已乾涸
俱不在

陸軍官校司令台

多少名將在此講經説法
如今，經丟法失
熱血青年在此殺聲震天
現在，姑息養奸
難到
一切有為法
如夢幻泡影
是真的！
春秋正義也是泡影乎？

預備班十三期寢室

國土脆危
山已倒
江洋大海早已變色
這寢室已化微塵
但那夢幻泡影
始終活在我心中
日愈鮮活
永恆不滅

預備班十三期畢業照

民國60年7月12日
是鳳山磨劍
第一階段畢業
此後
我們化龍，過橋
繼續磨劍
等待用劍的機會
機會，始終存在

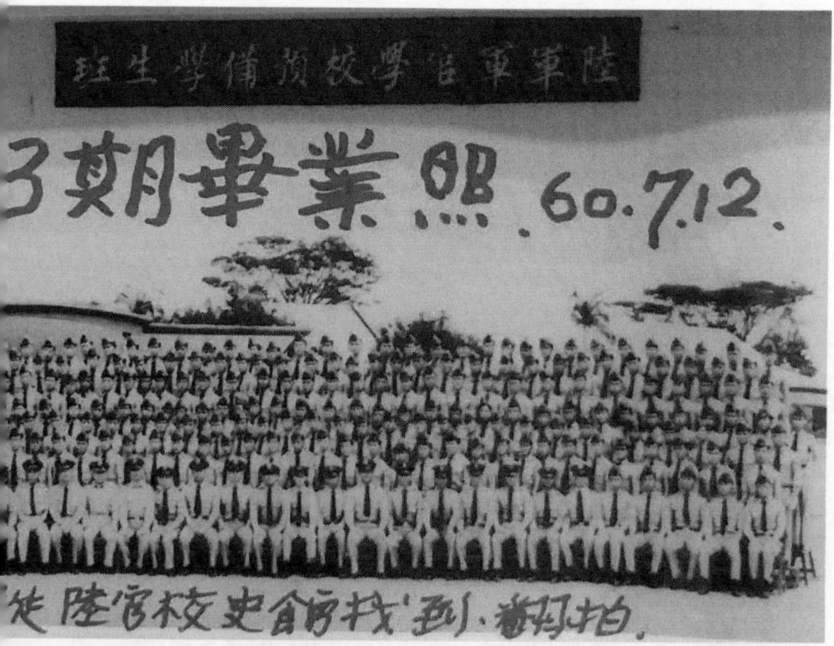

友誼不朽

真情友誼是不朽的
就算沉沒海底五十年
偶然浮出水面
記憶見了陽光
立即發芽
枝葉茂盛
那殞落的半個世紀
如清夢一場

發射了

起程前
先發射一管火砲
同時發射的
是時間
經常不加不減
不進不退
或在茫然停頓
落點或終點
不知道在那裡

預五連加油站

我們尚未啓程
就經常要加油
因為
反攻大陸　解救同胞
必須加很多油
但後來我漸漸知道
油，不論加多少
都到不了中原

像個革命軍人

從小立志要革命
那時以為革命是扮家家酒
玩遊戲
到後來覺得革命
都在吃飯喝酒鬼混
真是不好玩
至少曾經人模人樣
像個革命軍人

陸官英文老師張長有

一日為師　終身為父
懵懂的年紀
不知感恩
如今雲淡風輕
你已移民西方
至誠通靈
請接受我期同學至誠感恩
但願老師永駐西方
不要再來地球了

老營長，28期孫大公

在黃埔湖畔
你用愛和鐵
熬煉我們
成鋼鐵一般的隊伍
奈何我們都經不起時間熬煉
統一大業未成
土匪在島上作亂
你卻先移民西方
我等亦日愈凋零

許多小圈圈

以前排長說
不准劃小圈圈
我後來發一個宇宙定律
宇宙是由許多
小圈圈構成的
就像這個小圈圈
自成一個宇宙

小圈圈裡築夢

圈圈雖小
依然有夢
餅可以任意劃大
圈圈當然可以隨心擴張
所謂企圖決定版圖
是也
把夢境伸展
可以建國

戰場還在

已然花甲之齡
壯志仍在
我們仍按時擘劃戰爭
大家在餐桌上
論戰、點兵
指點江山
最後照一張相
供戰史學者考證

都像個人樣

把躺在肩膀上那些
耀武揚威的星星和梅花
全部落盡
突然
都出現了真我
才像個人樣
而回顧過往
浮生如夢

台大鹿鳴堂

當了一輩子的武人
好像身上少了什麼味道
來到台大鹿鳴堂
吃一頓飯
聞到書香味
餐後
校園走走，光景
如一首婉約的抒情詩

曇花與永恆

回首前面60年
一瞬間
包含一輩子所愛與事業
盡在其中

現在重調時間速度算法
慢慢走，再慢……
把一秒鐘拉長
再長，成永恆……

黃昏遇到黃昏

我們黃昏
也遇到一個黃昏
相約黃昏閒坐
夕陽與微風
都揮動手語
表明身份
天大地大
我也大

戰馬與鳥

前半生我們
是一匹戰馬
誓言要死在戰場上
幸而沒有可死的戰場

餘生
不當馬了
我們化成一隻隻鳥
賞鳥語花香

生活

到處閒逛
倏然
走到台大校慶
欣賞校花
對著我們微笑
我們也開心
生活
有如十七歲

木柵茶園

一座世外桃源
藏在茶山裡
人到此
物我兩忘
或互換身份
你成為一座山
一道流泉
公雞在此當家

草民們

找一個吉日
到桃花源
當閒人
閒聊間，大家讚嘆
一介草民
比當大將軍好多了
長於草原大地
聽寂靜之聲

任我行

風刮來，任他刮
他白刮
雨下來，任他下
他白下
風和雨都在困惑
他們碰到的是
任我行

除妖抓鬼

南蠻小島被妖和鬼
盤踞
喝人民的血壯大
說要另立乾坤
建妖鬼王國
老兵看不下去
只好重出江湖
除妖抓鬼

誰寂寞？

寂寞找上我
又找上他們
於是相約
大家上山找寂寞
寂寞早已逃之夭夭
只剩天地在心中
有人問
還有誰寂寞？

黃埔同學抗議什麼？

統一中國、解救同胞
這神聖使命已倒置
盼　中國統一
同胞救我

王師未到
妖鬼盤鋸
除妖不盡、鬼抓不完
老兵只好走上街頭抗議

還革命嗎？

我們始終在革命
這是革命嗎？
或非革命
大家一起走上街頭
高呼口號
以微笑暗示
革命已經結束

十八年前

十八年前
有三位同學向我告別
他們說不得已
移民西方
去了仍考西方軍校
我感嘆生命無常
乃組建「福心會」
本會唯一宗旨
慢活快樂

福心會之樂

餐桌依然是戰場
各個兵種
都以茶杯代兵棋
完成戰術推演
各英雄好漢
提報戰略構想
統一大業在這次飯局完成
能不樂乎！

第六章　這一世我們同路的證據

別輕視石頭

頑石會點頭
怎不會釀酒
無情能說法
石頭會講經
以前也用石頭補天
所以我等
不可輕視石頭

葉上一滴露（一）

人的一生
就這一丁點兒
轉來轉去
從這裡轉到那裡
此岸到彼岸
霎時就消散了
無影無蹤

葉上一滴露（二）

生命就如這
葉上一滴露
瞬間就轉世了
我知道
我的一滴露
在走過中陰身後
滴露化成
來世的蓮花

地底下生活的日子

回憶那些年
成了地下工作人員
—在武揚坑道
晚餐後到墳場
與先烈聊天
—在太武山公墓
身旁朋友除先烈外
有黑暗和孤寂

沉思代激情

當年那些激情
把一座山翻轉了
巫山之雲一夜不散
巫山之雨數夜不停
很想再複製
喚醒激情
構思一首詩
激情在詩
夯翻了天

婚姻

婚姻專家都說
結婚不是一加一等於二
結婚是 0.5 加 0.5 等於一
依我四十年檢驗
應是 0.4 加 0.4 等於 0.8
或要再減
這嚇死現在年輕一代
不戀、不婚、不生

如是我聞

如是我聞，一時
我在南蠻小島孤獨園
詩寫這一世同路人證據
回顧此生，正如
《金剛經》所述
一切有為法，如夢幻泡影
如露亦如電，應作如是觀
我今再率書影中人
旅行《金剛經》的世界
再悟佛言

降伏其心

一顆心，幾十年來
總是七上八下
每一分鐘　在
四聖六凡進進出出
善男子，善女子
發阿耨多羅三藐三菩提心
應如是住
如是降伏其心

不能有四相分別

一路走來，以相取人
相在好惡中
榮華富貴，就看
一頂帽子的長相
有錯嗎？須菩提
若菩薩有我相、人相
眾生相、壽者相
即非菩薩
讓我們破除一切相吧

應無所住

我們這顆心
到底要住在哪裡
豪宅、財富、愛情……
酒色財壽……
窮一生去追求
須菩提，菩薩於法
應無所住行於布施
不住色聲香味觸法
施主，你住哪裡？

怎樣能見如來

我等一路走來
求菩薩示現
請如來現前，到處尋佛
有誰看見或尋到了
如來所說身相，即非身相
凡所有相，皆是虛妄
若見諸相非相，即見如來
施主，你看見了嗎？

應當捨去什麼

人生來難分難捨
金銀財寶情愛那能捨
捨真理信仰更難
莫作是說
若取法相，即著四相
若取非法相，亦著四相
如筏喻者，法尚應捨
何況非法
有誰過了河，還揹著船？

生清淨心

濁惡世界，何來清淨
紅塵怎生白蓮花
佛告須菩提
諸菩薩摩訶薩應如是生清淨心
不應住色生心
不應住聲香味觸法生心
應無所住而生其心
朋友，你住哪裡？

福德多少

許多人都在種福田
做善事，積福德
到底福德有多少？
有人以《金剛經》四句偈
受持並為他人說
其福德勝前福德
大家都來宣說四句偈

第七章　夢幻泡影

怎樣可以見如來

故，佛說
凡所有相，皆是虛妄
若見諸相非相
即見如來

這是何種境界
得修百年或千年
凡夫的我
不知從何修起！

後世眾生怎樣信佛（一）

須菩提白佛言
後世眾生
聽聞今日佛說法義
能否生起實在的信心？
佛告須菩提
我滅度後第五個五百年
若有持守戒律
廣修福德之人

後世眾生怎樣信佛（二）

有持戒修福之人
能從佛說章句
體悟無住的實相
般若妙義
而生出真實信心
應知這些人
必有奇妙的因緣

後世眾生怎樣信佛（三）

能生真實信心之因緣
他們不止曾經於
一佛、二佛、三、四、五佛
處，種植善根
而是他們於多生劫來
奉事諸佛
種植諸善根
才有此等奇妙因緣

後世眾生怎樣信佛（四）

如果眾生一念心
執著於相
就會落於
四相的對待分別
若眾生執著種種法相
於四相有所取著
若又執著「無法相」
也會落入對待分別心

後世眾生怎樣信佛（五）

執取「法」
則會停滯於「有」
以為有一個
實有的生滅法可離
執取「非法」
則會拘泥於「空」
以為有一個
空寂的非法相可證得
就不能與空理相契

後世眾生怎樣信佛（六）

是故
不能執著於「法」相
也不執著於斷滅的「非法」相
佛法如渡人的舟筏
到彼岸便捨船登岸
不要揹負著船
「法」不能執著
「非法」更應捨去

如來說了什麼法（一）

如來已證得
無上正等正覺嗎？
如來有所說法嗎？
佛陀度眾四十九年
難到沒說什麼法嗎？
那為何叫佛法？
佛緣甚淺的我
滿肚子疑惑

如來說了什麼法（二）

須菩提白佛言
佛陀說法的義理
沒有一定的法
可稱做無上正等正覺
也沒有固定的法
是如來所說
為何？
佛說法乃假設的方法

如來說了什麼法（三）

如來所說法
都是為眾生
修行開悟的方便而設
不可以執取
般若實相
無法用語言詮釋
不執著於有個菩提可得
也不執著於沒有菩提正覺
有和沒有都錯

如來說了什麼法（四）

有和沒有都是錯誤
這可難了
如來所說法
沒有一定的法名為菩提
一切賢聖都依
寂滅的無為法而修
因證悟深淺不同
才有階位的差別

福　德

一個地球世界很多財寶
三千大世界
寶物不可計量
全部拿來布施結緣
獲得的福德果報
多不多呢？
無限多吧！
這是世間有相的福德
所以佛陀說福德多

過日子

大家都怕歲月殺手
我們就這樣
過日子
團結力量大
有組織有戰略
剩下的日子
保證必勝必成

度日子

我們點燃心燈
照亮角落
或用胸中之火
助長革命火苗
燒起革命大火
推翻台獨偽政權
老人家度日子
還是可以很偉大

歧路芳草

人間路太多了
歧路、小道何其多
有段時間我走進
一個奇異的世界
有各種奇花異草
個個能說善道
我觀賞片刻
便另尋自己的路

老同學

一路走來
竟已半個多世紀
能不老乎
吃飯閒聊仍不忘
國家民族
亦不忘初心
一輩子不悔的選擇還是
中國統一之路

造夢巨人（一）

天大地大
我們三人也敢稱大
年輕時理想真的比天大
我們要建構一個王國
有完美的典章制度
成為首富是初期目標
最終我們要成
一方領導

造夢巨人（二）

有了共同理想
我們分頭努力
為實現偉大的王國
我們計畫又計畫
研究又研究
數十年如一日
有夢最美
我們是造夢巨人

那些年一起的日子

長青那些年
我們玩的好快活
那麼的真實
至今未成夢幻泡影
情誼之堅固
不會碎為微塵
永在我心

五十二年了

五十二年前
我們在
陸官校預備班十三期認識
那時毛都沒長齊
真誠又單純
走過詭異的世界後
我們始終如一
神奇的因緣

春秋大夢

有些夢並非幻
內含春秋大義之夢
有些泡影是偉大的理想
吸引千萬人投入
就像那些年
我們追求反攻大陸
解救同胞
真實的春秋夢

同胞救我

我們一生追尋春秋大夢
反攻大陸、解救同胞
到如今，雪花片片
落滿山頭
而大業未成
小島已被漢奸妖魔化
此生只剩一個夢
王師南征、同胞救我

勇士今何在

一九六八年，我在
陸官校預備班十三期
這位勇士
不分日夜晴雨
以不動姿勢站在這裡
我們常圍在他身旁
高唱黃埔軍歌
不知勇士今何在？

春秋大業今何在

浪潮在街頭飄流
吶喊孤寂
四週的烏冷笑
那些春秋大業
被惡火
燒成灰燼
你們只能在歷史巨浪裡
浮沈求生

地下居民

那時我們都住地底
典型的地下居民
每天把太武山
頂在頭上
所有反攻大軍
都藏於九地之下
這是我們的
天命與天職

舊夢

一片落葉飄落
尚未入土前
風來進行
夢的解析
卻已來不及了
夢已成幻影
碎為微塵
難以正確解讀

陸官中正圖書館

陸軍官校
中正圖書館
黃埔校史館
歷史詮釋權都在這裡
現在變了
此岸改變了你的體質
彼岸掌控了詮釋權

新的戰場

山河全丟光了
新的戰場
就這張桌子
至於作戰地區分析
改成美食評論
三軍火力
就剩一張嘴
再也沒有轉進作戰

一朵夢遠去

熱鬧的小時候
滿城飛花
又一朵夢飄來
光陰不留情面
追夢跑遠
留下一片空白
一朵夢遠去
回不來了

我喜歡

你們各自站成
詮釋自我的風景
我喜歡
不同的風景
以心傳心
不立文字
一抹拈花微笑

西行

我若西行
一切不帶走
也不帶走一切
了無牽掛
我即非去
又非來
要帶什麼呢？

紅塵渡口

我已轉世千百回
經過這渡口
不知有幾次了
僅在這一世
這片刻
三人同行
接下來
我們千山不獨行

聆聽雲說

排雲在山莊
向登山客搞怪
烏雲撐起一把大傘
限制陽光來訪
一排排雲佔領山頭
登山客以無畏精神
突破排雲
黎明前完成攻頂

只剩兩人的同學會

重慶涪陵市涪光中學
初中一九四二級
只剩兩人開同學會
沈思恩同學九十七歲
蕭可容同學九十九歲
我想，我陸官
幾個老同學聚會
二十年後尚有人在否？

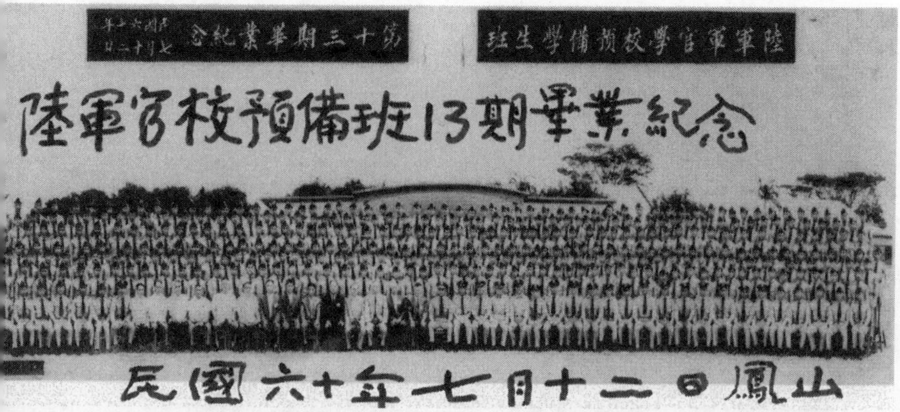

第八章 補 餘

趙樸初菩薩（一）

趙樸初菩薩和星雲大師
有深厚因緣
一九九三年元月廿五日
京寧列車中贈大師詩：
前月北征千里雪
今日南行雪千里
車窗光滿淨琉璃
瑞象倍增春節喜

趙樸初菩薩（二）

一九九三年元月廿九日

贈大師詩：

大孝終身慕父母
深悲歷劫利群生
西來祖意云何是
無盡天涯赤子心
一時千載莫非緣
法炬同擎照海天
自勉與公堅此願
莊嚴國土萬年安

趙樸初菩薩（三）

一九九四年三月二十日
賦贈星雲大師：
經年別，重到柳依依
煙雨樓台尋古寺
莊嚴誓願歷僧祇
三界法雲垂
金陵會，花雨滿秦隄
登岸何須分彼此
好從當下證菩提
精進共相期

楊仁山菩薩（一）

他是清末復興佛教
在自家設刻經處的大菩薩
創建祇洹精舍佛學院
培養眾多人才
梁啓超、章太炎、虞愚
太虛大師、仁山法師
歐陽漸、梅光羲、呂澂
智光法師、譚嗣同等
都是他的門下學生

楊仁山菩薩（二）

有觀世音菩薩的慈悲心
有文殊菩薩的智慧心
有普賢菩薩的事業心
有地藏菩薩的大願心
四大菩薩有四大名山
楊仁山菩薩建立了
無形的四大名山道場

改變命運的方法（一）

許多想改變命運的人
都外求問神算命
這是走錯的路
覺培法師告訴大家
內求改變才是正途
改變觀念、改變態度
改變習慣、改變人格
必能改變人生格局

改變命運的方法（二）

改變觀念
觀念決定行為
行為造就我們命運
瞋恨會使佛土變火宅
有愛污穢成淨土
建立正知正見
好運跟著來

改變命運的方法（三）

改變態度
處世態度決定人的命運
慳貪者只會中飽私囊
嫉妒心重不會快樂
心寬自在歡喜
厭世只想獨善其身
凡此，都決定了
你會走出怎樣的路

改變命運的方法（四）

改變習慣
壞習慣一旦養成
後患無窮
如惡口、貪慳、不負責等
必影響終生
下決心改變
前景格局就不一樣

改變命運的方法（五）

改變人格
壞心換成好心
惡心換成善心
邪心換成正心
修正不好的性格
暴躁的脾氣改成柔和
孤僻改隨緣
命運必隨之改觀

人間佛教

佛陀出生在人間
修行、成道、度生
都在人間
佛法在人間，不在天上
六祖惠能說
佛法在世間，不離世間覺
離世求菩提，猶如覓兔角

人成即佛成

人間佛教
就是要服務眾生
為社會帶來幸福祥和
太虛大師說
仰止唯佛陀，完成在人格
人成即佛成，是名真現實
學佛，要從人乘行果
完成大乘佛道

佛儒交融

儒家五常是
仁、義、禮、智、信
佛教五戒是禁止
殺、盜、淫、妄、酒
不殺生是仁
不偷盜是義
不邪淫是禮
不妄語是信
不飲酒是智

五乘佛法（一）

五乘者
人乘、天乘、聲聞乘
緣覺乘、菩薩乘
乃佛陀為教化眾生
依不同根性所設
五種不同層次法門
為人乘性格者說三皈五戒
脫離三途而生人道

五乘佛法（二）

為天乘性格者說修十善法
可生天界
為聲聞乘性格者說修四諦法
脫離三界成阿羅漢
為緣覺乘性格者說十二緣起法
可脫離三界而成辟支佛
為菩薩乘性格者說六度法
得無上究竟成佛果位

有佛法就有辦法（一）

星雲大師說
有佛法就有辦法
實際的運用要綱是
信心是佛法
有信心就有辦法
慈悲是佛法
有慈悲就有辦法

有佛法就有辦法（二）

結緣是佛法
肯結緣就有辦法
忍耐是佛法
能忍耐就有辦法
和眾生是佛法
能和眾生就有辦法
發心是佛法
肯發心就有辦法

白居易的修行

大詩人白居易
敬仰鳥窠禪師
特地用詩偈問禪師道：
特入空門問苦空
敢將禪事問禪翁
為當夢是浮生事
為復浮生是夢中？

第三篇 雜 記

第九章　陸官44期畢業50週年紀念

陸軍官校44期畢業50週年紀念還早得很。現在就開始籌備紀念冊等，可見本期理監事同學們，做事積極又有前瞻性，都不愧是革命軍人本色。

按紀念冊主編鄭秋桂同學告知，每人要寫一千字感言並附照片若干。五十年革命人生經歷有數不盡風雨，要濃縮成一千字內，還真不容易。幸好筆者出版過幾本回憶錄體裁的書，已寫的很多很清楚：（一）《五十不惑：一個軍校生的半生塵影》（台北時英出版社，二〇〇四年）；（二）《迷航記：黃埔情緣暨陸官44期一些閒話》（台北文史哲出版社，二〇一三年）；（三）《這一世只做好一件事：為中華民族留下一筆文化公共財》（文史哲二〇二二年）。另已完成初稿，二〇二二年內會出版的《陸軍官校44期福心會：暨一些永恆不滅的黃埔情緣》。

我是民國五十七年進陸軍官校預備班十三期，三年後畢業再升入陸官44期，於民國六十四年八月畢業。之後在野戰部隊十九年（含金馬十年），再考進台灣大學軍訓教官，到民國八十八年二月以主任教官職退休（伍）。退休至今也過了二十多年的寫作生活，這就是我簡短的一生精華段（從15歲到70歲）。

我在陸官預備班十三期一年級時，就立志要當蔣公的子弟兵，要率領大軍「反攻大陸」，解救同胞，統一中國。（才十五歲、這志向夠大吧）

奈何這條「軍事路線」走的很不順，嚴格說是迷航了。（詳見《迷航記》一書）人生會迷航，外在環境雖有關係（例如反攻大戰沒機會），主要還是自己智慧能力不足，對情勢判斷不夠正確或太天真等。凡此，都讓人在霧中迷航，這是很危險的。

回首前塵，這輩子最關鍵的轉變處，是一九九四年我從花防部轉到台灣大學當教官，次年爆發「閏八月危機」。在危機前夜，我連續出版《決選閏八月》和《防衛大台灣》二書，這兩本書都由當時的長官，教育部軍訓處長宋文將軍、台大校長陳維昭教授、台大總教官韓懷豫將軍和李長嘯將軍提序，對筆者贊嘆有加！

《決戰閏八月》和《防衛大台灣》二書，上市後引起熱烈反應，甚至大陸北京《軍事專刊》專文介紹了「陳福成的戰略思想」，封了一頂「台灣軍魂」大帽子給我。陳福成一夜爆紅，又有長官加持，也就「鹹魚翻身」了！

《決》、《防》二書的出版改變了我的人生方向，我決心當一個專業寫作者，當一個自由作家、詩人。一九九九年二月從台大退休，這年四十八歲，開始過著退休寫作生活，至今（二〇二二年元月）已完成一百五十本著作正式出版，平均一年出版七本。啊！台灣大學雖是「造反聖地」，卻是我頓悟的道場。

如果人生真要有點成績才能告慰列祖列宗，那麼我只有兩件：成為陸軍官校44期的一員和我的著作。

台北公館蟾蜍山　萬盛草堂主人　陳福成　誌於

佛曆二五六五年　西元二〇二二年元月底春節前）

筆者的學生時代

榮獲中國文藝協會文學獎留影

全家福合影

預備班老同學，民國 58 年攝影。

約民國 58 年，左起：張哲豪、陳福成、劉建民、虞義輝，背景為台中新社鄉 805 總醫院大門口。

一頂意外的帽子，「台灣軍魂」，1995《北京軍事專刊》封面。

在小金門當大砲營長，與各連長合影，民國 78 年。

在高登當砲連連長，與官兵合影。(民國 68 年)

在金門與老同學虞義輝（右）合影。(約民國 73 年)

擔任台灣大學退休人員聯誼會理事長時致詞。

家族大合照（2015）

「福心會」餐敘（2021.11）

第十章　陸軍官校44期同學會第12屆北區大會記實

本次北區大會於民國102年12月22日（星期日）上午，假台北市「儷宴會館」（在林森北路）召開，場面熱烈，許多嫂夫人共襄盛舉，更是倍感溫馨。

這是北區同學會兩年一次的大會，同學們絕大多數已退伍並退出職場。畢業至今已三十九年，平時散居各處較少連繫，也難得利用大會餐敘看到數十年未曾謀面的老同學。從當年進軍校的少年不知愁滋味，數十年好像一個瞬間，一片青山綠野，怎忽然飄起了霜白雪花，才更感到光陰實在比「台灣高鐵」跑得還快！

此大會也在會中作會務報告、第十三屆理事（9員）、監事（3員）改選及會長推選等事宜。新任理監事及會長選舉結果如次：

會　長：虞義輝
副會長：王忠義
常務理事：吳榮裕
理　事：李金島、沈孟訥、韓敬樾、林鐵基、劉北辰、梁又平
常務監事：葉宜生　　監事：陳福成、鄭杭蘇

新任會長虞義輝同學致詞時，感謝大家的厚愛、支持，當選第十三屆北區會長。未來將致力於再加強同學含眷屬的聯誼活動，成立各同學會的次級團體，如棋藝社、讀書會、舞蹈社等;現有的登山社、合唱團、高爾夫球社也將持續活動，並盡力促進更多同學來參加，讓同學們的退休生活有更多健康性的聯誼。

本次大會除上述各項工作外，為方便未來會務運作推動，也進行會章修訂，惟相關修訂須經中、南部等同學會會員大會通過，始成最終之定案。

餐敘也是同學會焦點，含夫人團在內百餘人，席開十五桌，只見餐會一片情緒超夯，酒足飯飽，酣樂 high 翻天！席間也進行摸彩，大獎連連，驚呼四起，真是不亦樂乎！與會同學均致贈《典藏黃埔》一本，同學沈慶光也送每人好禮一份，每位同學都帶著豐收回家。

第十一章　陸軍官校44期北區同學會第13屆第一次理監事會

新任會長虞義輝同學甫一上任不久，立即召集北區分會第一次理監事會。時間在民國103年元月9日晚上，地點春天悅灣社區，由會長主持會議，全體理監事人員均到齊，會議程序進行兩個多小時，按報告、討論、決議等事項，略記如下：

壹、會長頒發理監事當選證書：中華民國陸軍軍官學校44期北區校友會第13屆理監事當選證書，任期兩年（自103年元月一日到104年12月31日）

會長　虞義輝

貳、財務報告：

97年10月1日接受周定遠同學總會會款四萬九千八百三十七元、北區分會會款廿五萬七千八百五十六元。101年6月9日接收南區分會總會會款三萬三千三百六十一元（暫凍結）。

103年元月9日北區分會會款節餘四十四萬六千六百五十一元。

至103年元月9日，已繳會費同學119人。

參、北區已故同學概查：

（註：開會時有提出一份已故名單，不完整尚在進一步查證中。惟因訊息不易查尋，恐有發生誤述，故本文不提已故同學名單。）

肆、遺眷照料、關懷討論決議：全體理監事經大家討論，研議各種意見，表決一致通過這是一件該做也值得做的事，惟照料、關懷的方式，及如何進行等，到時再議。原則上既往者個案辦理，未來者將盡可能做到全面。會議中也分配理監事，分頭查訪遺眷現況，做為未來關懷方式的依據。

伍、會訊編成：考慮每年發行四次，內容要有哪些？請陳福成同學先做出「模本」，未來再逐期改進。（第一期會訊就是一個模本）

陸、成立各社團各召集人報告：

「歌唱會」李金島報告：目前團員已有五、六人，未來考慮慢慢擴大，恢復「黃埔合唱團」的規模。惟場地、經費、師資、器材等，也尚有一些待克服的問題，請大家多參加。

「棋藝社」沈孟訥報告：計畫設象棋、橋牌、麻將等幾類，象棋和橋牌沒有爭議，麻將可能有意見，我盡可能防止成為賭博，導向一個健康、正常的活動，比較能吸引人參加。

「讀書會」陳福成報告：

(一)目前所流行讀書會現況：按我所見、所知、所參與，幾乎可等同「八卦會」，喝咖啡聊是非而已。

(二)我期待：多少像一回事，有一點讀書會的味道，有成長。是故，參與者對「讀點東西」，要有點興趣、有點動機、有些主動性，沒有這三元素，都是白做工，人生很短，不要白做工。

(三)遠景：結合「讀書」和「寫作」，在第二年能讀，並且能寫作，大約一年半後練習寫回憶錄，第三年能完成自己的回憶錄，若要出版，我可協助。

(四)第(三)項各依自己意願。若有前面「三元素」可試推看看。

理監事會在當日晚上九點半結束，值得一提的是，晚餐由會長夫人洪玲妙準備了豐盛美食、新鮮水果、養生飲品等，不忍的是讓她忙翻天了，大家都說會長夫人真是比會長還忙。西金ㄟ！感謝她的愛心付出。

第十二章　陸軍官校44期北區同學會第13屆第二次理監事會

自從今年（民103）元月九日，同學會開完第一次理監事會，在新會長虞義輝同學積極推動下，擬訂新的工作方針，理監事同學、嫂夫人們配合執行，確實交出一張亮麗的成績單。在這第2次理監事會議上，多位同學直誇說：「了不起！這是我們軍校同學會的創舉！」

第二次理監事會議，於四月十日晚上在淡水區民族路春天悅灣會議室舉行。下午六點，已有多位同學和嫂子們先到在頂樓欣賞風景，不久大家都到齊，溫馨的晚餐後，七點半會議正式開始，過程簡述如下：

壹、總幹事報告

成立社團、關懷遺眷已有初步成果，未來持續努力。《會訊》創刊號已發行，中、南部同學也分送了；官校和校友總會也都寄贈。

總會長由北區會長兼任一事，經沈孟訥同學親往中南部協調，圓滿達成任務。明年參加校慶籌備事宜（後報），財務報告（另表說明，略）。

貳、副會長王忠義報告

我代表參加校友總會情形，在下期會訊做詳細報告，讓大家知道校友總會做些什麼事！端節前校友總會到各地慰問，我們可以看狀況爭取。最近也要辦傑出校友選拔，本期傑出同學也不少，應有可以出馬角逐。

四月底要慶祝建軍和校慶九十周年，校友總會舉行淨出健行活動，各期都要參加，人越多越好；還有，發行「九十周年紀念悠遊卡」，大家要多認購。

參、會長虞義輝同學報告：

(一)為慶祝九十周年校慶，今年六月廿九、三十兩天，我們舉行杉林溪遊，同時和中南部同學會師，請孟訥和忠義先籌備計畫。這次大會師也是明年校慶返校的暖身，到時也要討論先有個大綱。

（二）向總會申請遺眷補助，北中南同學各一個名額，中南部同學若沒有，北部再增額，四月底請忠義呈報。

（三）今年六月十六日校慶，本期派五個代表參加，北中南會長、總幹事都是當然的代表。

（四）關於傑出校友選拔。（經討論，共推會長虞義輝同學出馬角逐。）

（五）杉林溪之行，經討論、表決，全體通過，北區同學不補助經費。

肆、個組報告

（一）讀書社，下次聚會（五月）推選社長，訂出規章，再決定未來運作方式。

（二）棋藝社，現有十六人，分甲乙丙組，楊翔雲任社長，未來要增加棋藝種類，如相棋、橋牌等。

（三）田園社，陳逢源任社長，已備好大家隨時可以去種田，自備雨鞋，四月十九日第一次，歡迎喜好者一道前往享受田園樂。

(四)歌唱社和登山社，是目前最俱規模的社團，準備請柯台城同學的夫人來指導，她是音樂系畢業的，指導過很多合唱團。

會長結語

從第一次理監事會確定我們的工作方針至今，很感謝各位同學配合執行，我們終於跨出第一步，雖然仍有不足，但經這次會議，有些工作要調整角度去做才能更好。未來三個月要做的事，有些涉及明年校慶的準備，讓我們一起努力，讓同學會盡善盡好。

第十三章　陸軍官校44期北區同學會第13屆第五次理監事會

北區同學會第13屆第5次理監事會，於二〇一四年十二月十三日下午三點半到五點半，在沈銘崧同學的林口金賓汽車公司會議室召開。

會議首先由會長盧義輝同學簡單致詞，說明此次會議目的後，由總幹事梁又平同學報告上次會議執行情形及財務運用情形。之後約有半小時，參觀金賓汽車公司。

此次會議重點，主要在討論並決議明年我期畢業40週，返校參加校慶事宜，諸多工作必須先期準備，大家分工完成。區分以下各項說明。

壹、負責聯絡、調查、統計參加同學人數有關事宜

經討論，決議：明年（民104）元月二十日前，發出通知函，把整個活動行程、價位等項目，盡早讓同學知道，好早些報告。諸多連繫工作，由理監事大家分組分攤，分配到負責連繫的，要積極進行，達成使命。

本組專員有：梁又平、沈孟訥、林鐵基三位。

貳、校慶參訪、住宿、晚宴等行程規劃事宜

(一)全程兩天一夜，六月十五（星期一）和十六兩日。

第一天，六月十五日。

上午 7.00 時：天成飯店出發。

9.30 時：南投工業區。

11.30 時：參觀地方特色工廠。

午餐：南投地方特色美食餐。

下午 3.30 時：進住高雄國賓飯店。

晚上：畢業40年晚宴。

第二天，六月十六日。

上午 7.00 時：早餐。

8.00~12.00：校慶大典各項活動。

午：在校午餐，餐後自由活動。

下午 3.00 時：離校。在苗栗晚餐後回台北。

(二)討論、建議：

劉興榮同學報告：要使所有家人了解陸軍官校，上一代、下一代都能參加。有嚴德發當總司令，又是 40 週年，這輩子只有一次，要好好辦。

王寶生同學報告：要有一車專跑不方便的地方。

沈孟訥同學報告：若在今年底前匯出訂金，每晚可省到 2500 元（雙人房）。房間數訂的愈多，價格尚可再降。

本組專責有：王忠義、葉宜生、鄭杭蘇三位。

參、學生時期相片收集、管理、分類和連繫展陳事

目前進度落後，繳來的不多，現在的二吋照各繳來一張。其他的生活照片盡

可能清晰，掃描效果較佳。

經表決同意做成 CD。本組專責：沈孟訥、涂建強、桑鴻文三位。

第十四章　會長虞義輝同學伉儷宴請理監事喝春酒記實

早在第一次理監事會時，會長虞義輝同學在會議中，就與各理監事商議，年後要找一個上好的地方，宴請大家含夫人們。今年春節前後，可能地球氣候產生某種不正常變化，一陣陣爆冷，包括我在內的同學們，一定都在期待著宴會日天氣能變好。

民國一〇三年的春節在熱鬧、寒冷和春雨綿綿中過了。國內外政局似未聞有驚天動地事件發生，乃全球人民之福。會長的宴會訂在二月十三日（星期四）晚上，前一晚我特別看氣象報導，台已很冷，雨量百分之七十。表示可能雨下全天，且有大雨，有點不妙！

按會長虞義輝同學暨夫人洪玲妙女士細心、貼心的規劃，宴會選在北投的「皇池溫泉御膳館」，我特地注意這個地方的好，好在哪裡？

皇池溫泉的源泉是世界聞名的青磺泉，自地底湧出無污染的溫泉，泉質清澈見底，酸度如檸檬原汁，含有非常珍貴的鐳元素，是全世界僅發現二處極為珍少的溫泉。這應該也可以算是「台灣之寶」，鐳元素可穿透於無形，在日本被視為具有治癌等醫療功能，經證實鐳元素可活化人體細胞、增強免疫力、促進新陳代謝、預防慢性疾病的發生等。

全世界四千多種礦石，唯一以北投命名的寶石，而生成北投石，唯有青磺溫泉才能生成北投石。青磺溫泉裡所含有的硫酸鋇、硫酸鉛會沉積在石頭上日積月累而形成結晶體，將溫泉裡的鐳元素吸覆於結晶體內，歷經數拾年、百年成為含有鐳元素的珍貴礦石。

原來，皇池溫泉的好，是有這樣的科學根據，這才吸引同學和夫人們的喜愛，據聞這裡也是會長和夫人的最愛。下午四點已有不少同學和嫂子們在這裡泡得不亦樂乎！沒有泡湯習慣的同學有的也早到在附近散步，欣賞這裡美麗的山景，也聞著到處飄的溫泉香。

神奇的是，整個上午濕冷下雨，到了下午卻天氣轉好且不下雨，五點多碰到會長虞同學，我告訴他說：「神奇啊！你辦活動，老天都在助你，給大家一下午好天氣！」會長答說：「是啊！我們要懷著感恩的心，感謝老天的幫忙。」

我和妻不泡湯，我在附近散步賞景，走到紗帽山麓、鳳凰谷等步道，這裡修建了新的休閒設施，我和妻都覺得台北市有在做事。約六點半，多數理監事和夫人們、前任會長王忠義、永遠的攝影官黃台興都到了。快七點，已全數到齊，會長虞同學首先致詞，祝賀大家全年平安快樂、家庭幸福美滿，會長伉儷大家敬一杯溫暖的酒。

會餐前後，先到的同學天南地北的聊著，最忙的是會長夫人洪玲妙女士，她忙著為大家準備茶點，張羅各種雜務，筆者要在這篇會訊文章，代表大家說一聲心裡的話：「阿妙！謝謝妳！感謝妳的貼心，同學會有妳真好。」

席間，一首歌比一首歌夯，嫂子們一個比一個能唱，同學中有的學生時代就是「黃埔合唱團」成員，如李金島同學，乃俱有職業水準的唱將（黃埔合唱團以前是國內有名的合唱團，曾對外公演，並灌過多張唱片。）所以，今晚除了好酒、美食、溫泉，也等於聽了一場演唱會。這麼溫馨的同學會，和我同桌坐我旁邊的鄭杭蘇同學，忍不住對大家說：「這個同學會要好好維持，廿年、三十年、五十年……要維持下去，到最後『掛』的兩個人，一個當會長，一個副會長，仍要按時開同學會。」

大家都笑翻了，看誰是最後的會長、副會長。鄭杭蘇說完轉頭對我說：「陳福成！你負責寫會訊，你要忠誠把這件事記錄在會訊上，叫大家別忘了。」從年輕時代因有寫作習慣，筆者以「史官」精神，從實記錄。（史官是古代官名，專記錄所見之事。）

會長虞同學綜理會務，餐會中仍牽掛《會訊》事務，把理監事及其他參與同學，做任務分工，讓大家依各人專長負責部份《會訊》工作。這份會刊的發行，相信是軍校同學會的創舉，我們期待能產生凝聚同學會的功能。

宴會在晚上九點半劃下一個美麗又依依的句點，會長暨夫人一一向大家握別，叮嚀大家開車注意，並祝福大家健康快樂。

這麼溫馨、成功的活動，我知道背後、事前，虞同學和阿妙不知道辛苦多久了。筆者仍要代表同學們表達感謝之意，大家雖是幾十年老同學，心中的感謝仍要「筆之於書」，表達出來。

陳福成於二〇一四年二月十五日晚上

第十五章 遺眷聯繫

「遺眷聯繫」是新任會長虞義輝同學上任後的新創舉，先於第一次理監事會中提案討論，與會人員針對聯繫方式、關懷範圍等，充份溝通討論，一致認為會長此一構想很值得落實執行，只是方法上要酌情處理。

本期同學已有少數往生，其遺眷長期以來大多和同學會處於失聯狀態，同學會應有適當的關懷，以彰顯同學之革命情誼。據會長在理監事會中透露，此一構想原來出自會長夫人洪玲妙女士的愛心，她也是榮總退休聯誼會成員，她們長期以來投入此類慈善工作，如今可以「拷貝」到我們同學會，我們對虞夫人投以敬佩與愛的眼神。

事前由陳福成聯絡到已故鍾聖賜的夫人顏金滿，家住板橋區，約好在本（民103）年元月廿三日下午三時，會長暨夫人洪玲妙、張哲豪、陳福成一行，如約到鍾府探望顏女士。大家多年未見，我們各自帶一份薄禮到鍾府。

我等在鍾府停留約一小時，大致了解顏女士和孩子們生活、工作情形，大致順利，工作環境也不錯，顏女士對同學會的關懷也深表謝意。

會長虞義輝同學甫一上任，就規劃這個寒冬送暖，為往生同學的眷屬帶來一點關心，但意義確是重大的。

第十六章　南部同學一些意見整理

會長虞義輝同學、副會長王忠義同學，返校參加黃埔建軍90週年校慶。晚間與南區汪會長、趙總幹事及地區杜德成、許順泰、陳省盱、蔡添福、陳復國、丘謙民、黃坤泰等代表餐敘，並討論44期同學會最佳的運作方式。歸納要點（結論）如下：

一、一○四年母校校慶，欣逢本期同學畢業滿40週年，為增進同學（含眷屬）聯誼活動，預訂於一○四年六月十四日(日)、六月十五日(一)、六月十六日(二)三天，在高雄地區擴大舉行年度同學聯誼活動及餐會。活動行程及使用經費，比照一○三年六月廿九日杉林溪同學聯誼會方式辦理。

二、「陸官校校友總會」成立後，與「中央軍校校友總會」之關係及與各期同學會之關係為何？經費運用情形？服務連繫運作方式為何？如參與活動希望總會補助等，有關上繳會費方式，請虞會長依現況辦理。

三、一〇四年返校活動，請同學提供學生時期照片，以利母校製作44期同學回顧展。南區請趙朝庭、北區請塗建強負責收整。

四、有關同學往生（公祭、花籃、奠儀）處理，不論該員是否加入同學會，希望在同學一場，不要計較過去誰的不是，「同學會」一定要動員協助家屬處理，幫往生者劃下完美的句點。

五、虞會長將請總會吳斯懷副會長，於杉林溪餐會時向同學報告總會成立宗旨、編組、服務項目、經費來源及運作等，以解同學之疑慮。

補充：總會對往生校友及遺眷慰問、住院慰問等，均編列預算，各期可依實案中請慰助金，可由各期會長、代表前往慰助。

其他另有四點：

一、陸軍官校校友會成立於民國七十七年十二月，為法制化在宗旨及使命不變的原則下，改制為「中華民國陸軍官校校友總會」，以強化組織功能，凝聚校友向心，統籌各項資源，擴大服務校友，保障校友權益。

二、中華民國陸軍官校校友總會成立宗旨：在砥礪會員，擁護中華民國國家政策、溝通國是觀念，發揚黃埔親愛精誠校訓及忠貞愛國志節。軍校同學都有濃厚的革命感情，以聯繫交誼、服務照顧、增進校友情感交流，並濟助校友遺族，凝聚校友團結向心為目的。

三、該會以全國行政區域為組織區域：到民國103年元月，共建立正期班12～62期，專修13～33期，專科1～16期；地區校友會有：台北、桃園、台中、宜蘭、南投、嘉義、高雄等七個地區，校友會員2萬3千餘人，並隨時修訂之。

四、經費來源：(一)入會費個人300元、(二)常年費每期原則每年2萬元、(三)會員捐款、(四)基金及孳息、(五)其他收入。會員未繳會費者，不得享有會員權利，連續2年未繳視同自動退出。

第十七章　長青緣、在花蓮

這些年來我看很多事情，詮釋人間百態，最常用的詞彙是「因緣」，也就是佛教的「緣起法」或「緣起性空」觀。之所以如此，當然和我中年後（約45歲後），到台灣大學接觸到佛教有關。

因為常在「緣來緣去」，連信天主教的愛妻也受到影響，現在她也常「因來緣去」，儼然是一位佛教徒；她的天主該高興才對，這有利於宗教交流，促進世界和平。

因緣是很奇妙又很現實（指有因必有果）的東西，但人們通常要到一定的年齡、相當的歷練，加上悟力、機緣等，才能體驗（證悟）因緣的道理。往昔，我們讀別人的故事，贊嘆人家的故事是「奇緣啊奇緣！」。

現在我們回顧自己走過的歲月，夢境空幻也好！現實起落也罷！「長青」這半個世紀，能不稱「奇緣」乎？諸君子淑女午夜思之，是不是奇緣？因為是人生的奇緣，此次花蓮行，我是感覺最有「成就感」的一位，比在花蓮擁有一甲地更滿足。覺得把一件該做的事做了，別人是難以體會的。

長青緣，在花蓮，三日（二〇一四年四月十四到十六日）行程，略記之，供大家保存記憶，醞釀美的回憶！

第一天：普悠瑪、拉藍的家、阿張的地

約好早上八點廿五火車站大廳北二門集合，我和妻鳳姐兒帶著期待的心情，提早幾分到，驚見，果然是最遠住苗栗的劉建和 Linda 最早到，不久義輝、阿妙、阿張、金燕都到了。熱鬧的話題，於焉開展，把世界變得愈來愈大！

多虧阿張負責這次的行程安排，特別費心買了有桌子的座位，讓坐車更舒適，這是我乘過最頂級的火車「普悠瑪」號。雖然二十多年前我任職花防部時，相同的旅程景觀不知已看了多少回，但這次人對味車又豪華舒適，感覺兩側山海風景更美，車上吃著金燕備好的水果，時間就跑得比車快！

大約十一點，我們到了花蓮火車站，讓我驚艷的是，車站內景觀大大不同於往昔。設計者把花蓮地方人文采風、原民特色和重要景點，製作成一座光影搭配美景的時光隧道，讓旅行的人一下車，就瞬間感受不同氣氛，如突然進入一個不同的世界。

花蓮縣政府有在幹活，縣長是誰?花蓮人一定心裡有數，持續支持他!把台灣的後花園建設得更誘人!

來車站接我們，是一個陳姓帥哥開著一部超豪華的「福斯」九人座車，行車約五十分鐘，到「拉藍的家」（光復鄉大全村大全街42巷15號）

拉藍的家果然有原民風特色，經營者拉藍的全名是「拉藍・吾那克」，漢名叫蔡義昌，是一個說演逗唱俱佳又很有趣的人。中餐是他太太料理，食材都是運用地方特產，她的真誠、樸實而有家人的自然，讓好菜也有家的味道，四週田園風光，身心舒暢，壓力都從身上跑光光。

下午的重頭戲是看阿張的土地，阿張在花蓮買了大片地，我們老早要來看。說起阿張為何在花蓮有一塊地?這得溯源大約四十三年前，長青四個革命夥伴有個夢想，以後要……經過時間無情的「淘沙得金」，三人先後被汰除，最後只剩阿張是堅定的力行實踐者。

故事太長了，說之不盡。阿張這塊地在光復鄉，約千坪，地理位置好，又是平地，就在大馬路旁，四週山水景觀超好，看得大家都叫好。談到價錢，每坪不到台北一客王品牛排，說來是很吸引人的。

至於買了地要做啥！還要不要再買？這是未來式，就留待未來分解吧！八人在阿張的土地景觀裡留連忘返，賞風光、採南瓜，直到黃昏才住進附近的「春村民宿」，一個陶淵明詩中的桃花源。

第二天：驚艷早餐、豐富的一天

我說春村民宿像陶淵明詩中的桃花源絕不為過，一個世外清淨的獨立世界，能靜聽山的呼吸、水的脈動；八個人的共同感受，是俗務喧擾全部塵飛影遠了，才一個晚上就塵襟盡滌，大家都說下回要來多住幾天。

這個民宿特別之處在儘量減少現代化設備，頗有「極簡主義」風格，保留四週大量林木荒野，以及三個大養魚池。這一切由經營者王金財先生打造，一個真誠樸實的鄉下人。

一大早，我被蛙鳴、鳥聲和負責的公雞叫醒，走出室外，空氣鮮美的叫人心肺全都暢活起來，原來我是最晚起床的。向魚池邊高興喊叫的聲音走去，王金財已在教阿妙、鳳姐和 **Linda** 如何釣魚！加上一旁觀賞者，大家驚呼連連！三個女生各有收穫，鳳姐和 **Linda** 各釣到一隻，阿妙釣到三隻，不小的魚，都又放生了！大家都已有慈悲觀。

還有一個女生在哪裡？說來金燕最神奇，一大早有如「隔空抓藥」般，她在廚房裡忙進忙出，就「變」出一大桌色香味俱佳的早餐，呼喚著聊革命大業的男生和釣魚的女生們，「吃早餐囉！」

正吃著「驚艷」的豐盛早餐，天南地北的閒聊，阿張這塊地以後要……民宿老闆王金財先生送來一隻剛釣起的魚，至少有一斤半重以上。當下就交給金燕料理，不到十餘分鐘，一道美味的紅燒魚上桌了！

全台灣去哪裡找一家民宿，老闆釣魚給客人吃。有，花蓮光復鄉的春村民宿，老闆是王金財，兩人房（可睡四人）住一晚才一千元，四週風景超好！

早餐吃到九點多還捨不得結束，上午時間不多。我們先到瑞穗牧場，散步、賞景、照相，一隻超夯的鴕鳥和我們特別有緣，自動過來擺好姿勢與我們合照。事畢牠才輕輕揚起翅膀，露出特大號的大腿，奔離遠去。

午前的一小段時間，順道舞鶴村喝蜜香紅茶、買茶；這裡的大葉烏龍榮獲二〇一〇年世界金牌獎。午餐在羅山村「田媽媽」養生餐坊，這是由農委會輔導經營的餐廳，菜色經八人評鑒，公認是「不錯」！

下午在三個地方走馬看花，羅山瀑布、六十石山和北迴歸線。羅山深藏白雲間，整座翠綠和鮮美的空氣，盡歸我等八人所有。而六十石山有一望無邊的金針，現在雖非花季，滿山金針如海令人心曠神怡，想像著品味一道金針花料理有如把陽光吃進肚子的感覺，讓人充滿朝氣。這樣的綠野、陽光和微風，當然全被阿妙用相機捕捉了去！

金針又叫萱草或忘憂草，中國古代也稱諼草，是中國的母親花。如「萱草忘憂」成語喻子能慰母，大家聊著，金燕問眾人「那中國的父親花是什麼？」。一時都答不上來，大家正想著，金燕解題說「香椿」，大家恍然，不是有成語「椿萱並茂」嗎？

黃昏前來到一個驚艷的地方，石梯坪海岸景觀。這裡海蝕地形十分發達，海蝕平台、海蝕崖等舉目皆是，尤其壺穴景觀很吸引人，加上海洋浪濤的壯闊，夫妻儷影和大合照，直照到太陽公公說再見。

晚餐和住宿在石梯附近，「石梯緣」，也是一家讓人驚艷的民宿，老闆夫妻如同家人般親切，位置就在豐濱鄉港口村石梯灣一一九號；口福海鮮餐廳，石梯港八十號，晚上隱約聽得到太平洋的浪濤聲。

或許因為明天中餐後，義輝和阿妙因公要先回台北，今天晚餐的話題格外多，有期許有相互鼓勵。義輝對兩岸政局有實務經驗，他充份解析了馬英九「不統、不獨、不武」真義，原來「真相」如此，和電視上的名嘴大大不同。其實，這兩天來的用餐時間，大家因久未相見，話題特多，擺不完的龍門陣，如因果、因緣、有無前世來生、怎樣證明輪迴等，說真的，吾人所知有限，我建議大家回去從經典入手，聽大師演講也很有用。

晚餐吃到九點多，福斯豪華車開到附近的「石梯緣」民宿，大家取了行李進了窩，竟都不出門了。今天行程較多，也走了不少路，一定有些累，都雙雙相擁入夢了！

第三天：雲山水、松園別館、慶修院、鯉魚潭

旅遊團常有一則笑話，「上車睡覺、下車尿尿、到站買藥、回家丟掉」，我們這團完全是知性感性情境之旅，車上歌聲超夯，笑話不斷。八人同台飆歌還是第一回，三天中每個人唱得好痛快，例舉每人的絕活：

義輝：友情、戲鳳。
阿妙：走天涯、心不設防、戲鳳。
阿張：菊花台、老情歌、古月照今塵、一剪梅。
金燕：路燈了解我。
劉建：浮水印、萍聚、新鴛鴦蝴蝶夢。
Linda：甜蜜蜜。
鳳姐：女人花、追夢人、秋水長天、東方之珠。

至於筆者嘛！國、台、英、日語歌，還能端出一些，也就勿須再著墨。八人

中有歌唱專業水平只有阿張，他誇下海口，要為每人灌唱片，不知這則神話可有實踐之日。

長青花蓮行很快到了第三天，前面說石梯緣民宿很驚艷，是驚艷在兩面臨海一面臨山，前一晚住進的房間還不怎樣，沒想到早餐到二樓產生驚奇的大反差！從餐廳內的古董、音樂、餐桌設計、早餐安排，都體現經營者王志樑先生和他的夫人的貼心創意。

早餐採每對夫妻獨立一桌，窗外陽光閃著笑容。一道道特製的美食，老闆夫婦客氣又親切，和大家聊得很投緣。偶然間，義輝看到牆上掛著一幅書法，有「積愛成福」四字，倒念是福成愛積（雞），想起大早庭院一群鴿子雞，超「萌」的，瞬間我成了主角。

快樂的早餐吃到快十點，才不捨的收拾行李坐上福斯，開始今天的行程。我們沿著台十一線海岸公路北上，花東縱谷、海景、崇山都峻秀，中途在芭崎眺望台賞景拍照。近午時分，到雲山水（在理想大地附近），是一處有歐洲風格的自然生態農莊，有夢幻湖、落羽松、櫻花林佈落其中，湖水寶藍清澈，綠草如茵，捕捉不完的美景。

在湖邊草坪有三棵台灣肖楠，約長到四公尺高了，旁有立碑，文曰：「大陸海協會陳雲林、台灣海基會董事長江丙坤、花蓮縣長傅崐萁，二〇一二年九月十四日手植」。期待未來兩岸愈來愈好，證明中國人有和平解決問題的能力。

第三天旅遊公司換了新駕駛，老闆吳萬福先生很健談，講了很多花蓮事，讓我們對花蓮政經社會有進一步的了解。中餐他載我們到「樹屋」吃原民風味特色餐，就在壽豐鄉池南村；餐後大家送義輝和阿妙到火車站，互道台北再見，六人持續下午的行程。

兩點多來到美崙山松原別館，是倭據時期的「花蓮港兵事部」，民國九十一年登錄為歷史建築，九十五年開放參觀，許多藝文活動在此舉辦。古松、古宅、海風，眼前一片綠意盎然，到這裡，人自然放空、愜意了起來。

三點多來到吉安鄉的「慶修院」，這是倭據時期的真言宗密教神社，此一宗派於我國唐憲宗元和十一年（八一六），由空海和尚傳到倭國。大家在此留連、拍照，討論著密宗、顯宗，許多我們不知不解的事。

四點多到鯉魚潭已近黃昏，湖光山色，空氣清新。我臨時提議繞潭一週，把連日吃的佳餚消化一些，眾皆說好。旅遊公司的羅小姐陪我們走，快走一小時讓身上出汗，也感全身舒暢。

晚餐在吉安鄉「櫻之田野」養生館，以新鮮野菜為主的自助餐，自己料理自己煮，直到七點多才結束，到火車站乘八點半太魯閣號回台北。車上，我在半睡半醒中想著此行點點滴滴，長青緣，在花蓮，會是長青旅程一個美麗的回憶。

小結：盡早找到「最後的家」

好友想聚有聊不完的話題，並不全是八卦，三天中有很多知性交換，有腦力激盪，亦有思想論辯，屬於政治、宗教、哲學等等。許多為什麼也沒有答案，有答案也是一時的，或一家之言。但人生活到老學到老，不足和好奇，促使我們再學習。

惟在宗教信仰方面，每個人應盡可能盡早找到「最後的家」(可以皈依的岸)，當然無神論除外。不要等到最後了，兒孫才在床前問：「把拔！你喜歡阿拉、耶穌或佛？」。生命中這麼重要的事，怎不盡早決定？人生之大去是要用很多時間準備、修習的，不是最後一天決定了，問題就真的解決了！如此，那聖人和罪人有何差別？

凡此，確實有「終極答案」存在，我建議從經典入手，例如了解儒家思想必深讀學、庸、論、孟。想知道佛法，有無因果？何謂緣起性空？有無前世來生？到佛典去找答案最準。《金剛經》和《地藏菩薩本願經》深值一讀，我說的一定走樣，佛說準沒錯。

聽大師演講或讀大師作品都是好辦法，星雲、聖嚴、證嚴、惟覺等作品都是一流的，必能讓人產生啟蒙作用。未來我會收羅些這方面作品寄給大家參考，虞、張、劉三家都寄。

本文是一個旅遊記錄，我習慣用書寫記錄生活（也為保留手稿贈圖書館）。配合各家的圖像記錄，成為回憶的旁註。

陳福成，記於二〇一四年四月底，花蓮行歸來

第十八章　泰山不辭土壤成其高・黃河不擇細流成其大

「回首來時路
不忘黃埔情
初衷把懷榮譽在心」

時光飛逝，歲月如梭。身為黃埔人，在鐵面無私的時間面前，我常問：辜負了人生光陰？辜負了自己對國家的使命天職？我一向嚴格要求自己，這是個人的從嚴律己。

對於我期同學，仍然秉持黃埔精神，我也「從嚴要求」，從嚴提問所有同學並互勉：過去十年同學你做了什麼？是否和十年前一樣一樣？我們為國家民族做了什麼？我們以「黃埔人」的身份立場又做了什麼？這是多麼嚴肅的提問。吾等一輩子以「黃埔人」自命，從年輕時代便誓言要「發揚吾校精神」，同學們「不忘初心」，我們當然要以超高標準來檢視自己，是否對目前的國家處境或民族興盛大業，還有可以盡心盡力的地方？當然，很多同學會質疑，「我們都退休了，還能幹什麼？」這確實，本期同學最末一個學號是「44，649」黃明正同學，除少數中途離校，畢業者應有六百多人，經過四十年，只剩一個參謀總長嚴德發同學，站在國防軍事的金字塔最頂端，孤軍奮戰中，其他同學全部「解甲歸田」，部份仍在民間業界工作，多數已在家養老，遊樂，所以「我們還能幹什麼？」

近百年來，我們黃埔人「祖、父、子、孫」四代在做什麼？我們四代人以「接力賽」的精神，一代傳接一代，前仆後繼，視死如歸，午夜思之，我領悟到，四代人做的是「一件事」，那一件事，一言以蔽之，曰：「抵抗外患，民族復興，國家統一」，這一件事未完成，那一個黃埔人能放得下一顆心，但畢竟人生短暫，而民族復興與國家統一大業，常是百年或更長久的一個漸進過程。

換言之，我們年輕時代立志要完成的神聖使命，其實是幾代人才能完成，非一代人就能畢其功，所以，同學們都退休了，退休比在職可做的事更多，退休可發揮的空間更大，「軟實力」、「間接路線」更好揮灑，也更方便，大家要發揮「軟實力」（文化、經貿、學術、體育、商旅、文學、藝術、詩歌等），促成兩岸交流，和解，合作，最終達到統一目標。

實際上，我也看到同學早已在發揮這種影響力，路復國同學經由同鄉會交流，虞義輝同學透過學術交流，奔走兩岸，他們「不忘初心」，退休後仍本黃埔人信念，為兩岸交流和平做出貢獻，真是可敬可佩！期盼所有同學，所有黃埔人能不忘初心，一個人便是一股力量，泰山不辭土壤，所以成其高；黃河不擇細流，所以成其大，這是黃埔人共同的歷史天命。

《黃埔》校友會訊 106.7.1.

附件　關於陸軍官校44期各兵科同學人數

我記得，我是在民國五十七年（一九六八年）八月三十一日，由哥哥陪同，從台中乘火車（慢車）到鳳山，進陸軍官校校園。長這麼大（初中畢業）從未見過這麼大的校園。印象中，走了很久才到「預備班」。

報到後才知道原來就是「陸軍官校預備班十三期」，軍事化的高中教育，我要在這裡待三年。我這期又編成三個連，分別是預四連、預五連、預六連，我是預五連第三排，每個連大約有百餘人，所以全部預十三期應該超過三百多位同學。

整個預備班有一個班主任負責，共有三個期別，我期之外，尚有十二期、十一期。全預備班等於有三個營九個連，總人數大約上千。

說是完整高中教育，其實不完整，因為至少有一半時間被移做他用（軍事有關課程是合理的，但有很多無謂的浪費，說之不完的浪費時間。）

預備班這三年中，有不少同學離校（以各種原因），我每年都聽到有人離校。好不容易，苦撐三年，民國六十年九月，終於進升正期班「陸軍官校44期」，合聯招進來同學及士校、部隊保送進來，全期六百多人。

記得到正期班二年級才分科教育，選科時大家有些緊張，因怕自己理想的科被人選光了。這是按成績一個個上台選，我按所想順利選上砲科。

陸軍官校44期各兵科同學人數

註：按《陸軍軍官學校第四十四期畢業同學通信錄》（鳳山：民國六十四年八月）整理。

△步兵科同學：273人。

孫　澎、梁國鈞、劉慶海、李建國、林龍輝、王鎮城、許進雄、洪耀森、陳志鴻、吳烈照、謝國禎、石忠勝、蔡知難、高昱旻、陳國忠、張紹植、蔡添福、趙旻韜、盧國卿、陳國楨、高天柱、農榮華、夏　澤、張虎城、高燕翔、朱忠義、羅莒光、俞何隆、張華陵、何木欽、張誠義、張振經、楊彥、彭慶雲、劉克難、

黃國生、葛道鋒、廖信男、潘秋坤、張沛霖、鮑樹勳、李台新、李豫東、蔡俊仁、
許國龍、陳獻祥、高玉丘、譚鴻森、張陶甄、江明信、劉明叔、王忠義、姚錦雲、
戚念慈、歐陽濟剛、趙金喜、梁剛強、林德興、張峯林、仇天龍、孔祥熹、
趙錕賢、梅天成、褚先平、陳　驥、趙國林、蔡其祥、桑昭德、陳寶鑽、趙嚴忠、
陳報國、喬金生、陳克屏、葉春田、丁元台、蔣立憲、李金島、王端興、章志民、
羅耀焜、梁煥乾、劉飛昌、蕭大林、陳小如、查郁兆、熊勇智、唐長福、尹俠君、
劉運達、陳裕禎、傅台生、趙　岳、黃國權、倪元輝、陳文宇、嚴辰生、吳興華、
朱占國、李台龍、江寅辰、黃帝祖、余嘉生、張凌岐、鄭文祥、魏世熹、楊北寧、
張富海、陳省盱、吳榮欽、潘鵬翔、劉文瀾、施向青、朱定國、鄭志峰、韓敬樾、
吳嘉慶、曹茂林、周述武、陳國彬、黃國樑、史同鵬、詹學銘、羅沅海、藍正一、
耿台生、溫火城、陳業興、陳　馨、王又民、倪麟生、劉自強、鄧祖禹、周台生、
楊台福、羅桂騰、朱士賢、方述龍、羅復衡、劉桂嶺、周定遠、黃崑益、陳台星、
郝慶生、曹爾正、張克難、江　文、許順泰、胡漢書、葉思文、黃國彥、張邦基、
張寶勝、陳尚行、朱明東、上官怡偉、王立中、崔萱雄、何祖濤、王馬丁、
廖善求、李錫銓、黃奇偉、羅來貴、凃塔生、管台員、范世華、黃裕國、王崇智、

劉鐵真、張克孝、王次雄、劉建國、郭永欽、段啟雄、王振華、顏彰韜、劉玉原、趙玉萍、黃瑞順、陳錦爐、龍集天、趙茂華、何孝中、陳崇琦、葉宗耀、林士傑、王華豹、鄭子雲、林利國、周禮鶴、周建華、周大偉、高正茂、唐繼周、樊　琦、梁春霖、程利華、王伯森、黃崑志、桑鴻文、張鵬華、吳國新、翁炳昌、何世榮、蔣東埔、馬善軍、鍾聖賜、李漢麟、張燕島、莊德瀛、李東河、王安生、連海濤、傅治平、李經武、卜榮辰、吳憶莊、陶樹義、江幼明、劉北辰、張漢綱、張德宏、林　曉、葛竹生、王利羣、蔡漢宗、王宗毅、溫永椿、毛國華、華新村、馮君萍、張永松、葛弘珍、袁陽明、萬靖武、蔣承龍、王國華、林純坤、黃紀明、林立芳、涂建強、藍茂雲、簡連德、馬誠意、趙希平、黨台生、潘盛華、蔡永坤、吳如君、陳俊雲、馮安國、郭明裕、江鵬隆、王鐵麟、葉君傑、劉台恒、吳國萍、方文泉、曾錦海、張益祥、丘金成、江讓濱、鄭杭蘇、楊翔雲、徐　強、王愛群、蘇永凱、侯華生、唐世華、顏克立、林煥鉅、林正義。

△**砲兵科同學：112人。**

羅閩生、吳鎮台、葉青萍、劉定堅、高立興、朱湯榮、林雲熙、除為明、王世復、于仁眾、陳福成、翁思德、王毅林、何港武、李中興、李顯俊、初春玉、金百容、陳文成、敖新澤、黃富陽、沈孟訥、莊岳飛、林展南、趙立德、吳弘裕、潘　義、劉永裕、葉宜生、鄧寶林、包蒼彬、柳震華、蕭秋銘、陳建華、吳君一、郭榮州、史台龍、范慶忠、謝文卿、路復國、朱富智、盧前鋒、彭商茂、胡文龍、趙保晨、張起昇、劉台生、李錦堂、李立中、丁剛之、劉念慈、戴恆新、仲金城、賴仁山、滿經綸、徐雲清、張慶翔、陳建勳、王榮昌、鄧長風、林鐵基、吳沐雲、李緝熙、白魯屏、程利建、李紀勇、薛立君、邵汪堅、陳寶森、俞建華、王有祚、張怒潮、李壽全、蔡武洪、王光華、侯光遠、林明哲、鄞愛國、王清水、陳方烈、陳漢明、朱漁生、管其彬、林泰階、林吉郎、趙朝亭、賀榮德、嚴興旺、田文賢、田澎明、陳台慶、萬勝雄、童榮南、魏葵乾、陳榮祖、袁國台、傅篤誠、張金平、朱至善、陳懷國、柯台城、李東樑、鍾紹華、陳自看、汪家璈、何嘉銳、聶麗中、陳永盛、劉昌明、周湘金、袁亞洲、黃台興。

△**裝甲科同學：46 人。**

吳秋林、李嘉榮、楊友仁、徐崇禮、嚴德發、沈慶光、王壽山、沈小偉、陳燕翔、詹源煌、李　強、汪志雄、邱新連、陳永茂、馬福山、杜德成、虞義輝、張新泉、柯鏗朗、陳世仁、陳台生、梁嘉禎、周　碩、李金山、張緯良、陳憲法、陳順貴、張立達、陳逢源、孫國台、劉興榮、馮鐵漢、盧志德、黃慶賢、莊謙亮、陳文賢、古建誠、歐陽源、郭祖安、楊金烽、符建華、丁明鏡、劉正雄、陳國欽、蕭再發、周清江。

△通信科同學：40人。

鄭延平、鄧崇祥、李志偉、郭龍春、李智慧、李恩普、陳朝傑、劉中玉、卜文星、王卯生、季賢達、周德生、農　琪、顏春輝、安鈖鐘、呂信志、劉金華、羅章龍、呂丁航、張天賜、喬振亞、郭健然、陳偉興、吳榮裕、程貞勇、張原水、陳全雄、陳正任、何忠榮、許忠明、袁　宏、劉平瀾、林海華、楊文才、劉　堅、林基松、黃炳松、廖鳳城、舒人文、鑾中雄。

△工兵科同學：60人。

秦台義、周小強、柳海國、蘇嘉榮、傅南寗、梁又平、陸連松、許光峻、李大年、程國梁、薛灣平、張慶鵬、丘謙民、張台鑫、張建正、楊光蜀、周　樑、劉人銳、林國士、李龍儀、高滿榮、周家誠、蘇進國、楊小定、唐正中、田長裕、鍾崇梅、鍾台成、黃中原、林招錦、陸　瑜、劉建民、尤夢麟、何憲恒、齊家善、張志剛、黃坤泰、陳定邦、林義峻、解定國、張元德、唐子樂、楊世靜、余國瑞、袁永台、鄭可誠、曾兆章、高樹華、邱瑞明、李承德、黃加冠、呂濟平、吳少君、林榮魁、陳復國、徐台華、楊慶國、趙嚴忠、葉春田、沈銘崧。

△**運輸科同學：26 人**。

全景堂、徐心偉、陳景輝、陸少英、楊棋森、喬台銘、周志聖、吳獻榮、王慶峰、白玉鎮、張克章、農繼堂、聶啟迪、邱讚壽、張中禾、潘明章、王梅昂、徐家瑜、林中雄、侯志欣、劉志傑、黃育彬、趙嚴立、王澎生、劉振銘、黃明正。

△**憲兵科同學：10 人**。

雷光陸、戴作人、姚繼榮、王萃雄、許立孟、鄭秋桂、施居益、許宗政、何澎生、孫台生。

△化學兵科同學：5人。

陳鏡培、徐自生、劉吉村、宋智正、程治樹

後記

(一)本期同學來源，主要有預備班十三期升入、聯招考入，及少部份士校或部隊考入(據述也有保送)。另極少由一般大學轉入(如林正義同學由台灣大學轉入)，好像也有反共救國軍或滇緬來的戰士。預十三期入學時間是民國五十七年，三年後升入正期班（四十四期）。

(二)以上五百七十位同學，這是《畢業同學錄》有的，另有同學錄沒有的，這些同學錄沒有的同學，據聞也有幾十人（或近百人）。他們是中途離校（退學、轉學、開除、生病等），在預備班和正期班兩階段都有離開的。筆者初入預備班第一個月，排長在晚點名當眾宣佈，如果覺得自己不適合幹軍人，可乘三更半夜自己離校。在正期班大約一、二年級時，流行轉專修班。總之，同學錄沒有的同學為數不少，但只要當一天同學，就是永遠的同學，同學會也常碰到他們。同學情是不朽不壞的。

(三)以上同學錄所記的姓名，變動的也不少（改名）。同學改名的原因主要兩種，第一是和高級長官同姓同名，通常被「要求」改名；第二是自己想要另取「更好」的名字。因此，同學錄上姓名和原名可能不同，退伍後又改名也和同學錄不同。本書無從詳查，只能按照同學錄所記，做為黃埔歷史檔案存查。

(四)本期同學年紀，到二〇二一年為止，平均約七十歲，有大小也約在正負二之間。惟軍人事業在戰場，演習視同作戰，「作戰」難免有傷亡，據聞本期同學到目前（二〇二一年），移民西方極樂世界約有一成，即六十位同學左右。也就是說，大約五百位同學仍在世，大多在台灣，少數在大陸或國外。

(五)本期同學的服役年限，入學時國防部規定不清不楚，大約說服役十年可退伍，但快到十年時來公文說延長三至五年。所以有同學十三年退，有的二十多年退，至今（二〇二一年）尚有一個嚴德發，在為台獨政權服務，不知以後春秋史如何寫？

(六)本期同學絕大多數已停止所有工作（有給職、兼職），許多人早已當了阿公，享受著身為「榮民」的待遇。至於台獨政權將如何！兩岸將如何！我們只能茶飯酒後當成八卦關心。但大家心中牽念依然是統一問題，不能和統，就武統也可以，畢竟統一我們才是「中國人」。

(七)本期同學為聯誼，為持續「親愛精誠」校訓宗旨，訂有《陸軍軍官學校第四十四期同學會章程》，按章程規定，均有理事、監事、理事長等，依規定正常運作。後又有改制，北、中、南分區選會長，各地區運作也都還算正常，這是許多熱心同學投入時間和金錢的功勞。

陳福成著作全編總目

壹、兩岸關係

①決戰閏八月
②防衛大台灣
③解開兩岸十大弔詭
④大陸政策與兩岸關係

貳、國家安全

⑤國家安全與情治機關的弔詭
⑥國家安全與戰略關係
⑦國家安全論壇。

參、中國學四部曲

⑧中國歷代戰爭新詮
⑨中國近代黨派發展研究新詮
⑩中國政治思想新詮
⑪中國四大兵法家新詮：孫子、吳起、孫臏、孔明

肆、歷史、人類、文化、宗教、會黨

⑫神劍與屠刀
⑬中國神譜
⑭天帝教的中華文化意涵
⑮奴婢妾匪到革命家之路：復興廣播電台謝雪紅訪講錄
⑯洪門、青幫與哥老會研究

伍、詩〈現代詩、傳統詩〉、文學

⑰幻夢花開一江山
⑱赤縣行腳・神州心旅
⑲「外公」與「外婆」的詩
⑳尋找一座山
㉑春秋記實
㉒性情世界
㉓春秋詩選
㉔八方風雲性情世界
㉕古晟的誕生
㉖把腳印典藏在雲端
㉗從魯迅文學醫人魂救國魂說起
㉘六十後詩雜記詩集

陸、現代詩（詩人、詩社）研究

㉙三月詩會研究
㉚我們的春秋大業：三月詩會二十年別集
㉛中國當代平民詩人王學忠
㉜讀詩稗記
㉝嚴謹與浪漫之間
㉞一信詩學研究：解剖一隻九頭詩鵠
㉟囚徒
㊱胡爾泰現代詩臆說
㊲王學忠籲天詩錄

柒、春秋典型人物研究、遊記

㊳山西芮城劉焦智「鳳梅人」報研究
㊴在「鳳梅人」小橋上
㊵我所知道的孫大公

㊶為中華民族的生存發展進百書疏
㊷金秋六人行
㊸漸凍勇士陳宏

捌、小說、翻譯小說

㊹迷情・奇謀・輪迴、
㊺愛倫坡恐怖推理小說

玖、散文、論文、雜記、詩遊記、人生小品

㊻一個軍校生的台大閒情
㊼古道・秋風・瘦筆
㊽頓悟學習
㊾春秋正義
㊿公主與王子的夢幻、
51 洄游的鮭魚
52 男人和女人的情話真話
53 台灣邊陲之美
54 最自在的彩霞
55 梁又平事件後

拾、回憶錄體

56 五十不惑
57 我的革命檔案
58 台大教官興衰錄
59 迷航記、
60 最後一代書寫的身影
61 我這輩子幹了什麼好事
62 那些年我們是這樣寫情書的
63 那些年我們是這樣談戀愛的
64 台灣大學退休人員聯誼會第九屆理事長記實

拾壹、兵學、戰爭

65 孫子實戰經驗研究
66 第四波戰爭開山鼻祖賓拉登

拾貳、政治研究

67 政治學方法論概說
68 西洋政治思想史概述
69 中國全民民主統一會北京行
70 尋找理想國：中國式民主政治研究要綱

拾參、中國命運、喚醒國魂

71 大浩劫後：日本 311 天譴說
日本問題的終極處理

拾肆、地方誌、地區研究

72 台大逸仙學會
73 台北公館台大地區考古・導覽
74 台中開發史
75 台北的前世今生
76 台北公館地區開發史

拾伍、其他

77 英文單字研究
78 與君賞玩天地寬（文友評論）
79 非常傳銷學
80 新領導與管理實務

2015 年 9 月後新著

編號	書名	出版社	出版時間	定價	字數(萬)	內容性質
81	一隻菜鳥的學佛初認識	文史哲	2015.09	460	12	學佛心得
82	海青青的天空	文史哲	2015.09	250	6	現代詩評
83	為播詩種與莊雲惠詩作初探	文史哲	2015.11	280	5	童詩、現代詩評
84	世界洪門歷史文化協會論壇	文史哲	2016.01	280	6	洪門活動紀錄
85	三搞統一：解剖共產黨、國民黨、民進黨怎樣搞統一	文史哲	2016.03	420	13	政治、統一
86	緣來艱辛非尋常－賞讀范揚松仿古體詩稿	文史哲	2016.04	400	9	詩、文學
87	大兵法家范蠡研究－商聖財神陶朱公傳奇	文史哲	2016.06	280	8	范蠡研究
88	典藏斷滅的文明：最後一代書寫身影的告別紀念	文史哲	2016.08	450	8	各種手稿
89	葉莎現代詩研究欣賞：靈山一朵花的美感	文史哲	2016.08	220	6	現代詩評
90	臺灣大學退休人員聯誼會第十屆理事長實記暨 2015～2016 重要事件簿	文史哲	2016.04	400	8	日記
91	我與當代中國大學圖書館的因緣	文史哲	2017.04	300	5	紀念狀
92	廣西參訪遊記（編著）	文史哲	2016.10	300	6	詩、遊記
93	中國鄉土詩人金土作品研究	文史哲	2017.12	420	11	文學研究
94	暇豫翻翻《揚子江》詩刊：蟾蜍山麓讀書瑣記	文史哲	2018.02	320	7	文學研究
95	我讀上海《海上詩刊》：中國歷史園林豫園詩話瑣記	文史哲	2018.03	320	6	文學研究
96	天帝教第二人間使命：上帝加持中國統一之努力	文史哲	2018.03	460	13	宗教
97	范蠡致富研究與學習：商聖財神之實務與操作	文史哲	2018.06	280	8	文學研究
98	光陰簡史：我的影像回憶錄現代詩集	文史哲	2018.07	360	6	詩、文學
99	光陰考古學：失落圖像考古現代詩集	文史哲	2018.08	460	7	詩、文學
100	鄭雅文現代詩之佛法衍繹	文史哲	2018.08	240	6	文學研究
101	林錫嘉現代詩賞析	文史哲	2018.08	420	10	文學研究
102	現代田園詩人許其正作品研析	文史哲	2018.08	520	12	文學研究
103	莫渝現代詩賞析	文史哲	2018.08	320	7	文學研究
104	陳寧貴現代詩研究	文史哲	2018.08	380	9	文學研究
105	曾美霞現代詩研析	文史哲	2018.08	360	7	文學研究
106	劉正偉現代詩賞析	文史哲	2018.08	400	9	文學研究
107	陳福成著作述評：他的寫作人生	文史哲	2018.08	420	9	文學研究
108	舉起文化使命的火把：彭正雄出版及交流一甲子	文史哲	2018.08	480	9	文學研究

109	我讀北京《黃埔》雜誌的筆記	文史哲	2018.10	400	9	文學研究
110	北京天津廊坊參訪紀實	文史哲	2019.12	420	8	遊記
111	觀自在綠蒂詩話：無住生詩的漂泊詩人	文史哲	2019.12	420	14	文學研究
112	中國詩歌墾拓者海青青：《牡丹園》和《中原歌壇》	文史哲	2020.06	580	6	詩、文學
113	走過這一世的證據：影像回顧現代詩集	文史哲	2020.06	580	6	詩、文學
114	這一是我們同路的證據：影像回顧現代詩題集	文史哲	2020.06	540	6	詩、文學
115	感動世界：感動三界故事詩集	文史哲	2020.06	360	4	詩、文學
116	印加最後的獨白：蟾蜍山萬盛草齋詩稿	文史哲	2020.06	400	5	詩、文學
117	台大遺境：失落圖像現代詩題集	文史哲	2020.09	580	6	詩、文學
118	中國鄉土詩人金土作品研究反響選集	文史哲	2020.10	360	4	詩、文學
119	夢幻泡影：金剛人生現代詩經	文史哲	2020.11	580	6	詩、文學
120	范蠡完勝三十六計：智謀之理論與全方位實務操作	文史哲	2020.11	880	39	戰略研究
121	我與當代中國大學圖書館的因緣（三）	文史哲	2021.01	580	6	詩、文學
122	這一世我們乘佛法行過神州大地：生身中國人的難得與光榮史詩	文史哲	2021.03	580	6	詩、文學
123	地瓜最後的獨白：陳福成長詩集	文史哲	2021.05	240	3	詩、文學
124	甘薯史記：陳福成超時空傳奇長詩劇	文史哲	2021.07	320	3	詩、文學
125	芋頭史記：陳福成科幻歷史傳奇長詩劇	文史哲	2021.08	350	3	詩、文學
126	這一世只做好一件事：為中華民族留下一筆文化公共財	文史哲	2021.09	380	6	人生記事
127	龍族魂：陳福成籲天錄詩集	文史哲	2021.09	380	6	詩、文學
128	歷史與真相	文史哲	2021.09	320	6	歷史反省
129	蔣毛最後的邂逅：陳福成中方夜譚春秋	文史哲	2021.10	300	6	科幻小說
130	大航海家鄭和：人類史上最早的慈航圖證	文史哲	2021.10	300	5	歷史
131	欣賞亞媺現代詩：懷念丁穎中國心	文史哲	2021.11	440	5	詩、文學
132	向明等八家詩讀後：被《食餘飲後集》電到	文史哲	2021.11	420	7	詩、文學
133	陳福成二〇二一年短詩集：躲進蓮藕孔洞內乘涼	文史哲	2021.12	380	3	詩、文學
134	中國新詩百年名家作品欣賞	文史哲	2022.01	460	8	新詩欣賞
135	流浪在神州邊陲的詩魂：台灣新詩人詩刊詩社	文史哲	2022.02	420	6	新詩欣賞
136	漂泊在神州邊陲的詩魂：台灣新詩人詩刊詩社	文史哲	2022.04	460	8	新詩欣賞
137						

陳福成國防通識課程著編及其他作品

（各級學校教科書及其他）

編號	書　　　　名	出版社	教育部審定
1	國家安全概論（大學院校用）	幼　獅	民國 86 年
2	國家安全概述（高中職、專科用）	幼　獅	民國 86 年
3	國家安全概論（台灣大學專用書）	台　大	（臺大不送審）
4	軍事研究（大專院校用）（註一）	全　華	民國 95 年
5	國防通識（第一冊、高中學生用）（註二）	龍　騰	民國 94 年課程要綱
6	國防通識（第二冊、高中學生用）	龍　騰	同
7	國防通識（第三冊、高中學生用）	龍　騰	同
8	國防通識（第四冊、高中學生用）	龍　騰	同
9	國防通識（第一冊、教師專用）	龍　騰	同
10	國防通識（第二冊、教師專用）	龍　騰	同
11	國防通識（第三冊、教師專用）	龍　騰	同
12	國防通識（第四冊、教師專用）	龍　騰	同

註一　羅慶生、許競任、廖德智、秦昱華、陳福成合著，《軍事戰史》（臺北：全華圖書股份有限公司，二〇〇八年）。

註二　《國防通識》，學生課本四冊，教師專用四冊。由陳福成、李文師、李景素、頊臺民、陳國慶合著，陳福成也負責擔任主編。八冊全由龍騰文化事業股份有限公司出版。